기독교 사회적 기업가

초판 1쇄 발행 2022년 8월 1일

엮은이 애즈베리신학대학원 신앙 일 경제연구소
옮긴이 주상락

펴낸이 박종현
펴낸곳 플랜터스
출판등록 2020년 4월 20일 제63호
주소 서울시 송파구 오금로 46길 41, 5층
전화 02-2043-7942 팩스 070-8224-7942
전자우편 books@planters.or.kr
홈페이지 plantersbooks.com

ⓒ 주상락, Seedbed 2022. Printed in Seoul, Korea.

ISBN 979-11-970424-4-7 13230   값 13,000원

Seedbed grants Sang Joo permission to translate and distribute "The Social Entrepreneur: The Business of Changing the World."
Seedbed 출판사는 "기독교 사회적 기업가: 변화하는 일상에서의 선교적 비지니스" 번역과 유통을 허가한다.

이 책 내용의 전부 또는 일부를 재사용하려면 반드시 저작권자와 플랜터스 양측의 동의를 받아야 합니다.

플랜터스는 좋은 가치를 심습니다.

🌱 이 책은 자연을 사랑하는 마음으로 친환경 재생용지를 사용해 제작했습니다.

기독교 사회적 기업가

선교적상상연구소 X Planters'

차례

6_ 추천사

8_ 역자 서문

CHAPTER 1
사회적 기업가 정신Social Entrepreneurship은 무엇인가? ———— **13**
_데이빗 보쉬David Bosch

CHAPTER 2
사회적 기업가 정신을 위한 신학적 원동력 ———— **33**
_케빈 브라운Kevin Brown, 케빈 킹혼Kevin Kinghorn

CHAPTER 3
웨슬리안의 "사회적 기업가 정신"은 무엇인가? ———— **53**
_케빈 브라운Kevin Brown, 케빈 킹혼Kevin Kinghorn, 테피와 무체레라Tapiwa Mucherera

CHAPTER 4
훌륭한 아이디어로부터 훌륭한 시작 ———— **71**
_제이 문W. Jay Moon

CHAPTER 5
사회적 기업가 정신을 시작하기 위한 ———— **95**
비지니스 계획서 쓰는 방법
_데이빗 보쉬David Bosch, 케빈 브라운Kevin Brown, 마트 길Mark Gill

세상을 변화시켜라 그러나 혼자는 안된다 —— **119**
_러셀 웨스트 Russell W. West, 톰 텀블린 Tom F. Tumblin

삼부작 탐험 기도 —— **159**
_드와이트 깁슨 Dwight Gibson

선교적 상상연구소 소개_ **167**

추천사

영리와 사회적 가치를 함께 도모하는 것은 현실적으로 어려운 문제다. 더욱이 '기독교 사회적 기업'은 자칫 낭만적인 캠페인에 머물기 쉽다. 본서는 기업, 사회적 기업, 기독교 사회적 기업이란 무엇인지 각각의 이해를 본질적으로 또한 구체적으로 제시해 준다. 더 나아가 참신한 아이디어와 사회변혁에 기초한 기독교 사회적 기업을 현실적으로 기획해 보도록 안내한다. 〈사회적 기업과 선교〉라는 과목을 신설하며 마땅한 교과서가 없어 고민하던 중에 만난 단비 같은 책이다. 단순히 기독교인의 직업관과 경제관을 넘어 이 시대 교회 자체에도 사회적 기업가 정신과 혁신이 요청됨을 일깨워 준다.

| 윤영훈, 성결대학교 문화선교학과 교수

정말 필요한 책이 나왔다. 이제 기업가 정신은 경제적으로 주체적인 삶을 살고자 하는 모든 이에게 요구되는 지배적 흐름이 되었다. 그동안 일의 신학을 소개하고 강의할 때마다 원론을 넘어서는 현장의 실천적 과제를 직면하게 해 주는 길잡이가 필요함을 절감해 왔다. 일터 사역, 목회자 이중직, 선교로서의 비즈니스BAM 등은 오늘날 그리스도인들이 세상의 실제 삶에서 선교적 사명을 감당해야 하는 상황적 과제를 일깨웠다. 이 책은 기독교 사회적 기업가 정신의 신학적 기초를 견고하게 세워 주면서, 어떻게 하나님 나라의 공공선을 위한 비즈니스 활동에 구체적으로 참여해야 할지를 탁월하게 안내하고 있다.

| 김선일 교수, 웨스트민스터신학대학교 실천신학부 교수

복음에는 변혁을 일으키는 힘이 있습니다. 성경을 볼 때 그리고 교회사를 볼 때 우리는 복음을 담지한 성도 한 명 또 한 명이 그 자신의 영혼 구원을 넘어 사회적, 경제적, 환경적 변혁을 일으켜 왔음을 보게 됩니다. 사도 바울이 그랬고, 윌리엄 윌버포스가 그랬으며, 지금 이 시대에 비즈니스 세계를 살아가는 익명의 그리스도인들이 그러한 행보를 이어가고 있습니다. 특히 존 웨슬리는 산업혁명으로 자본의 힘이 사람과 공동체를 강력히 누르던 시기에 남다른 사회·경제 차원의 사역을 일궈낸 분입니다. 이 책을 통해 지금 이 시대 웨슬리의 후예들이 힘차게 일어나 무너져 가는 세상을 회복시키고 변혁시키는 일이 일어나길 기대해 봅니다.

| 이다니엘, IBA 사무총장

비즈니스 영역에 대한 우리들의 탐구는 오랜 시간 지속되어 왔습니다. 우리 상황과 정서에 맞는 국내 저자들의 훌륭한 책들도 많습니다. 그럼에도 여전히 기독교 사회적 기업가에게 필요한 영성과 실제를 한 권으로 응축한 교과서와 같은 책을 꼽기란 쉽지 않습니다. 이번에 주상락 교수님을 통해 사회적 경제 영역에 관심을 갖고 있는 크리스천 누구에게나 권할 만한 양서를 만나게 되어 무척 기쁩니다.

| 박종현, 함께심는교회 담임목사

역자 서문

사람들은 일상의 시간 대부분을 일터에서 보냅니다. 크리스천도 예외는 아닐 것입니다. 일주일 직장에서, 일터에서 열심히 땀 흘리다 보면 금방 주말이 되고 주일이 됩니다. 일주일 내내 세속적인 일터에서 시간을 보낸 크리스천은 성스러운 교회에서 예배를 드리고 교회 안에 모이기에 힘씁니다. 그러나 다시 월요일부터는 세상 사람들과 똑같은 삶을 일터에서 보냅니다. 우리는 이런 크리스천을 '선데이 크리스천'Sunday Christian이라고 부릅니다. 그러나 우리 예수님은 일터와 성전을 구별하지 않으시고 제자들이 거룩하게 살기를 원하셨습니다. 바울도 "무슨 일을 하든지 마음을 다하여 주께 하듯 하고 사람에게 하듯 하지 말라"(골 3:23)라고 말합니다. 여기서 '무슨 일을 하든지'에서 '일'Ergon은 "직무와 직업을 위해 노력하라, 행하라, 노동하라, 사역하라, 일하라"와 같이 일터에서 행하는 일을 의미합니다. 즉 크리스천은 청지기

의식을 갖고 직장, 일터에서 마음을 다하여 주의 일을 하듯 일하고 성Sacred과 속Secular을 구분하는 이분법적 사고를 극복하며, 일터에서도 최선을 다하는 킹덤 빌더Kingdom Builder가 되어야 합니다. 이 책은 이분적 사고를 극복하고 일상의 영성을 지키며 하나님 나라를 세상 속에서 그리고 일터에서 실천하기 원하는 독자들을 위해 출간됐습니다.

'기독교 사회적 기업가 정신'은 일터에서 킹덤 드림을 실천하기 위해서 시작되었습니다. '선교'라는 용어는 라틴어 'mitto'mittere, missio에서 유래된 것으로 그 뜻은 '보내다, 파견하다'이며, 명사형일 때는 '보냄'을 의미합니다. 삼위일체 하나님은 크리스천들을 일터로 보내셨습니다(선교). 일터야말로 우리에게 가장 좋은 선교지요, 일상의 영성을 실천하는 가장 좋은 장소입니다. 선교의 범위는 우리가 상상하는 것보다 큽니다. 비즈니스 영역에서 사회적 기업Social enterprise은 기독교 정신을 포함한 '영적 자본'Spiritual capital을 기업 정신에 녹여 세상과 소통하고 선교적 교회Missional church로서 역할을 담당해야 합니다. 일터에 있는 기독교인들은 기업, 조직 그리고 사업체 안에 "성서적 가치로부터 유래하고, 기업 경영에 영향을 미치는 영적 자본이 무엇인가?"를 고려해야 합니다. 왜냐하면 때때로 기업을 이끌 때 유형의 자산보다 '영적 자본', '사회적 자본' 그리고 '문화 자본'과 같은 무형의 자산이 더 중요할 때가 있기 때문입니다. '기업가 정신'Entrepreneurship의 핵심은 '창조'와 '혁신'을 만들어 가는 것입니다. 특별히 포스트 코로나Post-Corona 시대를 준비하며 하나님의 선교를 준비하는 선교적 기업은 다시 기업의 '영적 자본'을 발견하고 창조를 통한 혁신을 만들어 가야 할 것입니다. 이 책은 기독교적 영적 자본을 일터에 구현하며, 선데이 크리스천이 아닌 위크데이스 Weekdays 크리스천이 되길 원하는 사람들에게 꼭 필요한 도전을 줄 것이라 확신합니다.

2022년 봄

역자 주상락

일터야말로 우리에게 가장 좋은 선교지요,
일상의 영성을 실천하는 가장 좋은 장소입니다.
선교의 범위는 우리가 상상한 것보다 큽니다.

사회적 기업가 정신은 무엇인가?

데이빗 보쉬 David Bosch

사회적 기업가 정신의
밑그림

샌 안토니오(미국 텍사스주) 외곽에 있는 로프트 커피하우스^{Loft Coffee House}는 토요일 아침에 신선한 페스트리 빵, 브런치 정식, 와플 바 그리고 커피와 특별한 음료들을 제공한다. 대부분의 사람들은 처음에 이 상점이 리버사이드연합감리교회^{Riverside United Methodist Church}에서 운영하는 것을 알지 못한다. 사실 리버사이드교회는 로프트 커피하우스를 통해서 탄생되었다. 로프트 커피하우스의 설립 목적은 "지역사회와 지구촌을 위해 재정을 환원하며… 다른 이웃들과 삶과 평안한 쉼을 공유하고… 커뮤니티와 함께 활동하며 협력하기 위함"^{Gosnell 2010}이다. 로프트는 제도화된 교회 빌딩과 예측 가능한 사람들만 오는 전통적 교회 모델을 대신해 문화에 참여하고 커뮤니티를 창조하는 선교적 역할을 담당하기를 원한다. 로프트는 일반적으로 교회에 매력을 느끼지 못하는 사람들에게 관심을 갖는다. 그들은 또한 성경 공부, 여성 그룹,

리고 십 대들을 위해 공간을 제공한다. 그들은 교회뿐 아니라 중고품 할인점, 푸드 펜트리(음식을 나누어 주는 곳) 그리고 사회적 서비스를 제공하는 장소의 결합체인 희망 센터 형태로 시작되었다.

로프트 커피하우스는 사회적 기업가 정신을 실천하는 모델 중의 하나이다. 이어서 우리는 "사회적 기업가 정신이 무엇?"이며 "누가 사회적 기업가인가?"를 알아볼 것이다. 더 나아가 우리는 사회적 기업가 정신의 다양한 본질에서 그 중요성을 발견하기 위해 노력할 것이다. 그리고 마지막으로, 사회적 기업가 정신이 함의하고 있는 몇 가지 과정과 의미들을 살펴볼 것이다.

사회적 기업가 정신 Social Entrepreneurship은 무엇인가?

이 질문을 대답하기 위해서, 우리는 우선 "기업가 정신 Entrepreneurship이 무엇인가?"에 대한 질문에 대답할 필요가 있다. '기업가 정신'이란 혁신과 창조를 위한 시도들과 관계된 활동이다. 그러므로 기업가(또는 창업자)는 세상에서 새로운 기업의 창조, 경제의 성장, 배움의 장려와 혁신을 만들기 위한 주체가 된다. 이것은 두 경제 주체인 경제 성장을 목적으로 하는 상업적 기업가뿐 아니라 긍정적 사회 변혁을 장려하기 위한 목적을 가진 사회적 기업가도 같은 지향점을 갖는다. 이 때문에 정부의 리더들, 창업센터 운영자들, 개발 조직들 그리고 학교 혹은 학원 기관들도 기업가적 활동을 장려하는 것에 대해 관심을 갖고 있다. 기독교인과 교회 또한 이 기업가적 활동을 장려하는 것이 요구되고 있다.

긍정적 사회적 변화의 해법을 찾기 위해 한 조직(혹은 기업)을 시작하는 목적을 가진 사회적 기업가 정신은 최근 몇 십 년 동안 중요한 이슈로 부각되었다. 특히 '사회적 기업가 정신'의 연구는 최근 몇 년 동안 증가 추세에 있다. 그러나 이것이 무엇을 의미하는지 정확하고 분명한 정의들이 없다. 몇몇 연구자들은 오직 비영리 벤처 회사들에게만 사회적 기업가 정신을 적용하고 있으며$^{Thompson\ 2002}$, 반면에 다른 이들은 조직들이 사회적 직무를 실천하면서 수익을 내는 예인 하이브리드 모델(제4섹터)로 보는 경향이 있다$^{Nicholls\ 2010}$.

많은 '사회적 기업가 정신'의 정의들이 있지만, 대부분 그것들의 내용은 긍정적인 사회적 변화에 영향을 주기 위한 조직의 창조성에 대해 언급한다. J. Gregory Dees(1988) 교수는 "사회적 기업가들은 순수한 자선적 목적으로부터 순수한 상업적 목적까지 기업들을 조직으로 발전시킨다"라고 말한다(표 1). 그러나 Dees(2001)에 의하면, 사회적 기업가 정신과 다른 기업가 정신의 뚜렷한 차이는 '사회적 직무'를 중심에 두고 명확하게 그 목적을 유지한다는 데 있다. 그러므로 Dees는 사회적 기업가들은 긍정적인 사회적 변화를 위해 사회적 가치 창조에 초점을 맞추다고 묘사한다. Dees의 정의는 사회적 기업가 정신 연구에서 가장 일반적으로 사용되고 인용된다.

사회적 기업의 스펙트럼		
	순수한 자선	⟵⟶	순수한 상업
동기, 방법, 목적	호의에 호소: 사회적 가치 (Mission-Driven Social Value)	중첩된 동기: 사회적 가치와 경제적 가치 (Mission-& Market -Driven Social & Economic Value)	개인의 흥미에 호소: 경제적 가치 (Market-Driven Economic Value)
이익들	재정적 이익 없음	보조 이율 또는 중첩 혹은 재정 이익 없음	시장 이율 가격
자본	기부 또는 보조금	낮은 시장 자본 또는 중첩된 기부 그리고 시장 자본	시장 이율 자본
노동력	자원봉사자	낮은 시장 임금 또는 중첩된 자원봉사자 그리고 완전한 임금 스텝	시장 이율 보상
공급자	기부	중첩된 기부 혹은 완전한 기부	시장 이율 가격

〈표 1〉 사회적 기업의 스펙트럼(Dees의 이론에서 인용)

위에서 언급한 것처럼, 사회적 기업가 정신의 가장 중요한 공헌 중에 하나는 사회적 가치 창조에 초점을 맞추는 데 있다. 물론, 상업적 기업가 정신도 개인의 매매를 통해 사회적 변혁을 시도하고 비즈니스 절차를 통해 사회적 가치를 창조하기도 한다. 그러나 사회적 기업가 정신이 상업적 기업가 정신과 구별되는 것은 경제적 가치보다 사회적 가치 창조에 주로 강조점을 두는 데 있다. 이것은 다른 사람을 위한 이타적인 이유와 관심에서 출발하는 것이다. 그러므로 사회적 기업가의 주요한 동기는 공공선Public Good을 위한 사회적 가치를 창출하는 것이다.

이것을 비즈니스 선교 Business as Mission^{BAM}라고 할 수 있나?

몇몇 사람들은 "기독교적 관점에서 사회적 기업가 정신을 비즈니스 선교BAM와 같은 것으로 볼 수 있는가?"라는 질문을 가지고 논쟁한다. BAM이라는 용어는 비즈니스를 하는 기독교인에게 다양한 단어로 묘사된다. Neal Johnson과 Steven Rundle(2006)은 "많은 사람들이 '자비량 사역'Tentmaking, '마켓플레이스 사역'Marketplace Ministry 그리고 '비즈니스 선교'BAM라는 용어들을 동의어로 사용한다"고 언급한다. 그러나 이 용어들은 구별된 의미가 있다. 그러므로 '사회적 기업가 정신'Social Entrepreneurship과 '비즈니스 선교'BAM의 차이점을 찾는 것이 중요하다.

'비즈니스 선교'BAM는 2004년 방콕에서 열린 로잔대회에서 다음과 같은 네 가지 특징을 언급하며 정의되었다Tunehag, McGee, and Plummer 2004.

1) '비지니스 선교'BAM는 수익을 낼 수 있고 유지가능하다.
2) '하나님의 나라'The Kingdom of God의 성취를 위해 행해지며 사람들과 나라들에 영향을 준다.

3) 변혁Transformation과 확장Multiplication에 초점을 맞춘다.

4) 세상에 가장 가난한 자들과 비복음화된 사람들에게 초점을 맞춘다.

특별히 Rundle(2014)에 의하면 'BAM'을 나타내는 중요한 요소로서 자비량, 평신도 중심, 의도적, 통전적 그리고 타 문화적Cross-Cultural 특징을 갖는다라고 말한다. 이런 특징들을 통해서 'BAM'은 타 문화적 상황Cross-Cultural Context 안에서 특정 회사(국내 혹은 국외)를 위해 일하는 기독교 비즈니스만을 의미하는 것이 아니며 기독교인들로부터 경영되는 비즈니스(회사들)만을 의미하는 것도 아니다(그들이 변혁적 의도가 없다든지 세상에서 가장 가난한 사람들과 비복음화 된 사람들에게 초점을 맞추지 않는다면 더욱 그렇다). 'BAM'은 믿지 않는 사람들에게 선교를 위해 접근하려는 수단으로 비즈니스를 사용하며, 기독교인들이 선교적 목적으로 비즈니스를 설립하는 것을 의미한다. '비즈니스 선교'BAM가 '사회적 기업가 정신'과 구별되는 것은 '비즈니스 선교'는 타 문화 상황 안에서 세상에서 가장 가난하고 비복음화된 사람들에게 더욱 초점을 맞춘다는 것이다. 그러나 '사회적 기업가 정신'은 이것을 포함하여 보다 넓은 상황적 배경 안에서 접목된다. 그러므로 많은 부분을 고려했을 때 '비즈니스 선교'BAM는 '사회적 기업가 정신'에 포함되는 보다 적은 영역을 다루며 '사회적 기업가 정신'과 동의어가 아니다.

누가 '사회적 기업가'인가?

기업가가 되는 것 그리고 회사를 시작하는 것은 하나의 계획된 행위이며 의도적 활동이다[Bird 1988]. 그러므로 "기업가 정신의 본질과 새로운 기업들의 창조는 그것이 수익을 내기 위한 의도이든 혹은 사회적 이유이든지와 상관없이 본질적으로 같은 것이다"라는 관점이 있다[Mair and Noboa 2003].

회사를 시작하는 사람들의 공통된 특징은 다음과 같다 :

1) 창조성
2) 혁신
3) 기업가(정신)적인 가족 역사
4) 기회를 알고 그것을 활용할 수 있는 능력

위에서 언급한 것처럼, 사회적 기업가의 목적은 '공공선'을 위해 사회적 가치를 구현하는 것이다. 그러므로 비록 '기업가 정신'은 상업적 그리고 사회적 기업가가 비슷한 의미를 가지는 것 같지만 두 영역은 동기적 측면에서 다르다고 볼 수 있다[Mair and Noba 2003]. 즉 가치들이 동기와 함께 행위에 영향을 미칠 때, 사회적 기업가의 의도와 접목하여 개개인을 위한 개인적 가치가 다르게 나타난다. 그러므로 사회적 기업을 시작하기 전에 가치들이 어떻게 개인의 의도에 영향을 미치는지 이해하기 위해 우선적으로 가치를 이해하는 것이 필수적이다. '가치들'은 개인의 정체성과 관계가 있다. 그리고 그것들은 개인의 행위에 영향을 미친다[Lord and Brown 2001]. 게다가 개인은 일에서 그들의 가치 체계를 수렴하여 그 일에서 의미를 찾는다[Ros, Schwartz, and Surkiss 2007]. 그러므로 사회적 기업가는 이타적이고 타인 중심적이며 '사회적 기업가 정신'이 변화에 영향을 주어 사람들의 삶에 긍정적인 방향으로 변화를 이끌도록 해야 한다. 최근 연구에 의하면 변화를 위한 개방성과 선행은 기업가 정신의 의도와 긍정적으로 관계를 맺는 것을 볼 수 있다[Bosch 2013]. 또 다른 연구[Mair and Noboa 2003]에서 사회적 기업가는 다음과 같은 가치들을 구현한다는 것을 알 수 있다.

1) 타인 중심적
2) 공감
3) 자선
4) 다른 사람을 고려함

의도의 중요성

'사회적 기업가 정신'의 중요한 요소는 사회적 가치 창조를 구현하는 것이기 때문에 사회적 기업가는 사회적 가치 창출을 목적으로 사회적 기업을 계획해야 한다. 상업적 기업가는 수익을 내기 위한 가치 창출을 목표로 하지만, 결과적으로 사회적 기업가는 꼭 수익을 위한 경제적 목적만을 목표로 삼는 것이 아니라 다양한 자본을 만들기 위해 노력한다. 사회적 기업가는 경제적 측면뿐 아니라 '사회적 기업가 정신'을 통해 양산될 수 있는 다양한 것들에 주목하고 이를 측정해야만 한다. 전문가 대부분이 동의하는 것은 비영리 기관에서도 경제적 수익을 계수화하고, 또한 '사회적 자본'Social capital도 측정되어야 한다는 것이다. 일반 기업에서는 환경적 영향이 중요한 것으로 여겨지지만, 반면에 기독교 기업은 영적 영향(영적 자본)이 중요하며 이에 관심을 기울이고 이를 측정해야 한다고 생각한다. 기독교 기업은 세 가지 측면을 다양하게 정의하고 결과를 측정해야 한다. 우리는 이 중 다음과 같은 세 가지 영역을 소개하고자 한다.

1) 경제적
2) 사회적
3) 영적

경제적 자본 Economic Capital

'경제적 자본'은 '경제적 지속 가능성'을 의미한다. Gregory Dee (1988)의 범주 Spectrum 왼쪽 영역은 사회적 기업이 순수하게 자선기금으로 운영되며, 기부자들의 기부금을 선한 청지기로서 대리하여 사용하는 것을 의미한다. 이런 유형은 현재 기부금, 미래를 위한 기부금의 성장, 확장된 사역, 운전 자본 Working capital 그리고 이자수익에 의해 경제적 자본을 측정할 수 있다(<표 1> 사회적 기업의 스펙트럼을 보라).

사회적 기업의 오른쪽 영역은 순수하게 상업적으로 운영되는 것이며, '경제적 지속 가능성'을 위해 수익은 가장 중요한 요소 중 하나가 된다. 저자 Ken Eldred(2005)는 회사의 생명력 Lifeblood은 이윤이라고 말한다. 사회적 기업이 외부의 기부자들이나 재정 도움에 의존한다면, 계속적으로 유지될 수 없다. 또한 이윤을 창출하지 못한다면 사회적, 영적 자본을 생산할 수 없다.

회사에 수익이 없다면 회사는 성장할 수 없고, 고용도 할 수 없으며, 보다 많은 사람들을 섬길 수 없고, 경제적 파동과 하강 국면에 대항해 회사 스스로를 보호할 수 없다. 경제적 자본은 자산수익률 ROA, 투자수익률 ROI과 같은 매출 성장, 이자 수입, 운전 자본 그리고 수익 측정 기준을 통해 측정할 수 있다.

사회적 자본 Social Capital

사회적 자본은 성서에서 발견되는 정의와 '관계성'에 관련된 주제와 연결된다(역자 주: 하버드대학교 교수인 Robert D. Putnam은 그의 유명한 책 Bowling Alone에서 "사회적 자본"의 세가지 요소를 사회적 신뢰, 사회적 규범 그리고 사회적 네트워크라 이야기한다. 이 세 가지 요소는 '관계성'과 밀접한 관계를 맺으며 존 웨슬리의 '사랑의 실천'도 하나님과 이웃과의 관계성과 밀접한 관계를 맺는다). 사회적 자본은 존 웨슬리가 실천했듯이 하나님의 사랑을 흘려보내기 위한 이웃 사랑과 관련된 '공공의 선' 그리고 섬김과도 연결이 된다. 사회적 자본은 회사(혹은 조직)의 주주들에 대한 관심을 넘어서 그 회사의 이해 관계자들의 관계에서 성장하는 것이다. 그러므로 회사는 회사에서 일하는 고용인, 유통업자, 소비자, 프로그램 수혜자 그리고 공동체를 잘 인식하는 것이 필요하다. 사회적 자본은 관계에 기초하며 Relationship-Based 관계에 이끌린다 Relational-Driven.

'사회적 기업가 정신'의 구별된 특징이 긍정적 사회 변혁과 창조를 이끌며, 이것들은 사회적 기업에서 강조하는 중요한 요소다. 사회적 기업은 몇몇 사회적 질병들(혹은 문제), 즉 환경적 문제, 가난, 문맹, 실업, 인신매매 그리고 직업교육에 초점을 맞춘다. 그러므로 한 기업이 초점을 맞추는 사회적 문제는 그들의 사회적 자본에 대해 무엇을 그리고 어떻게 측정할지를 결정한다.

영적 자본 Spiritual Capital

영적 자본은 경제적 자본과 사회적 자본을 창출하기 위한 방법을 도출할 때, 세 가지 자본 중 가장 중요한 요소다. 영적 자본의 중요성 때문에, 사회적 기업은 그 성과를 명백하게 할 필요가 있고, 영적 자본 얻기를 소망할 뿐 아니라, "어떻게 그 자본의 영향력을 측정할 수 있을까?"를 고민해야 한다. 그 영향력을 측정할 때 가장 어려운 부분은 개인의 영적 성장을 충분히 객관적으로 알 수가 없다는 것이다.

영적 자본은 세 가지 자본 중 가장 중요한 요소이기 때문에, 신앙과 일상의 통합은 기업을 통해 구현되어야 한다. 부도덕한 비즈니스 그리고 노동력 착취는 단기간 동안 경제적 자본의 성장을 이끌 수도 있겠지만, 사회적 그리고 영적이 두 가지 자본들 축적에는 악영향을 미칠 수밖에 없다. 회사 운영을 통한 신앙의 통합은 중요한 것이기 때문에, Neal Johnson(2009)은 하나의 '마스터 플랜'을 발전시키고 회사는 신앙과 비즈니스의 통합을 위한 계획을 세워야 한다고 언급한다.

로프트 커피하우스는 세 가지 자본(즉 경제적, 사회적 그리고 영적 자본) 형성을 위해 '사회적 기업가 정신'을 실천하는 예 중의 하나이다. 그 커피하우스는 사회적 변화와 사회적 가치를 창출하기 위한 목적으로 설립되었다. 커피하우스, 중고품 할인점 그리고 식료품 팬트리에서 나오는 수익(경제적 자본)은 회사를 유지하는 데 사용된다. 커피하우스와 중고품 할인점은 공동체를 만들고 서비스를 공급하고 사회적 자본 형성을 위해 사람들의 필요를 채우며 그들의 일상에 참여한다. 그리고 '영적 자본'은 성경 연구 모임, 삶에 변화 추구 그리고 교회 개척을 통해 사회적 기업의 모습으로 나타나게 된다(역자 주: 로프트 커피하우스의 사역은 앞에서 언급했듯이 영적 사역뿐 아니라 경제적 그리고 사회적 사역을 실천하는 '총체적 선교-Holistic mission'에 초점을 맞춘다).

어떻게 실천할 수 있을까?

지금 우리는 '사회적 기업가 정신'이 무엇인지 배웠고, '사회적 기업가 정신'의 가치들이 사회적 기업가에게 동기를 부여한 것도 알게 되었다. 그렇다면 다음 단계로 실천해야 할 것은 무엇인가?

실천을 위한 첫 번째 방법은 개인이 이미 소유하고 있으나, 휴면중인 가치들을 끌어내는 것이다. 개인은 변혁적 리더의 영향을 통해서 귀중한 사회적 가치를 배울 수 있다. 그래서 실천적 측면에서 타인 지향적이고, 관대하며, 자비롭고, 다른 사람 입장에서 생각하는 리더로부터 조언을 듣는 것이 필요하다. 더 나아가서, 개인은 사회화의 절차를 위해 사회적 기업이 무엇을 해야 하고, 어떻게 사회적 기업가들은 그들의 휴면적 가치를 끌어내며, 자기 효능감 Self-Efficacy을 증가시키기 위해 사회적 기업을 시작해야 하는지 배우기 위해 워크샵과 컨퍼런스에 참여해야 한다.

마지막으로, 조직의 리더, 목회자 그리고 교회 리더들과 같이 다른 사람에게 영향을 미치는 이들에게 '사회적 기업가 정신'을 실천하는 조직의 범주를 이해시키는 것이 필요하다. 사회 정의와 자선과 관련된 가치들은 보다 강력하게 사회적 기업가적 의도, 능력과 통합하여 개인에게 녹아들고, 성취, 창조성, 격려, 독립은 보다 더 상업적 기업가적 의도와 함께 개인들에게 높게 녹아든다. 그것은 개인의 구체적인 가치를 이해하기 위해 조직의 리더들을 도울 수 있다. 리더는 개인의 가치 체계에 적합한 기업가적 활동들 안에서 개인을 이끌고 함께 일해야 한다. 예를 들면, 성취와 독립에 높은 가치를 두는 개인은 아마도 한 사람의 사회적 기업가로서, 보다 넓은 길들을 이용하는 방법을 인식하지 못할 것이다. 때때로 한 개인은 사회적 기업이 오직 비영리적인 일을 하고 재정적 손해를 보는 일만 한다는 잘못된 가정을 할 수 있다. 그러나 사회적 기업가는 사회적 가치 창조에 초점을 맞추는 구별된 특징과 함께 자선적인 일부터 수익을 내는 목표들 중에서 선택하여 한 기업을 시작할 수 있다. 그러므로 만약에 회사의 리더가 개인의 가치 체계에 맞춘다면, 그들은 개인의 가치들에 적합한 조직의 모델을 향해 가도록 도울 수 있다.

"개인의 가치를 이해하는 것"보다 중요한 것은 "어떻게 그들의 믿음과 신학이 그들의 소명에 적합한가"를 각 개인이 발견할 수 있도록 돕기 위한 사회적 기업가 정신의 신학적 토대를 세우는 것이다. 이 부분은 2장과 3장에서 언급할 것이다. 최종적으로 실천적 입장에서 마지막 세 장에서 사회적 기업가 정신을 실천하는 지역 공동체, 비즈니스 계획 그리고 그 계획을 실천하기 위한 자료들을 설명할 것이다.

Q1 당신은 "사회적 기업가 정신"을 어떻게 정의합니까?(해외 또는 국내 사례들)

Q2 당신이 사회적 기업을 시작한다면 Dee's 스펙트럼에서 나오는 것 같이, "순수한 자선을 위해서" 또는 "순수하게 상업적 목적"을 위해 경영하시겠습니까? 그 이유는 무엇입니까?

Q3 기업가의 공통된 특징 중 당신이 가진 특징은 무엇입니까? 사회적 기업가의 공공의 가치는 무엇에 관한 것입니까?

Q4 당신은 "영적 자본"이 세 가지 자본 중 가장 중요하다는 것에 동의하십니까? 동의한 이유는 무엇입니까? 혹은 동의하지 않은 이유는 무엇입니까?

Q5 당신은 사회적 기업가의 가치들을 배우려고 멘토나 변혁적 리더를 만나기 위해 어떤 시도를 합니까?

참고문헌

- Bird, Barbara. 1988, "Implementing Entrepreneurial Ideas: The Case for I ntention." Academy of Management Review 13 (3):442-53.

- Bosch, David A. 2013. A Comparison of Commercial and Social Entrepreneurial Intent: The Impact of Personal Values: Doctoral dissertation. Virginia Beach, VA: Regent University.

- Dees, J. Gregory. 1988. "Enterprising Non-Profits." Harvard Business Review (January-February):55-67.

- _____.2011. "The Meaning of 'Social Entrepreneurship'." Center for the Advancement of Social Entrepreneurship. Durham: Duke University. https://centers.fuqua.duke.edu/case/wp-scontent/uploads/sites/7/2015/03/Article_Dees_MeaningofSocialEntrepreneurship_2001.pdf

- Eldred, Ken. 2005. *God Is at Work: Transforming People and Nations Through Business.* Ventura: Regal Books. Gosnell, Lynn. 2010. "The Coffeehouse Church." Faith and Leadership, March 1. https://www.faithandleadership.com/features/articles/the-coffeehouse-church

- Johnson, C. Neal. 2009. *Business as Mission: A Comprehensive Guide to Theory and Practice.* Downers Grove: Intervarsity Press.

- Johnson, C. Neal, and Steven L. Rundle 2006. "Business as Mission: The Distinctives and Challenges of a New Approach to World Mission." *In Business as Mission: From Impoverished to Empowered,* edited by Mike Barnett. Pasadena, CA: William Carey Library.

- Lord, Robert G., and Douglas J. Brown. 2001. "Leadership, Values, and Subordinate Self-Concepts." The Leadership Quarterly 12 (2):133-152. Mari, Johanna, and Ernesto Noboa. 2003. Social Entrepreneurship: *How Intensions to Create a Social Enterprise Get Formed.* Working Paper no. 521. Barcelona, Spain: IESE Business School, Universidad de Navarra.

- Nicholls, Alex. 2010. "The Legitimacy of Social Entrepreneurship: Reflexive Isomorphism in a Pre-Paradigmatic Field." Entrepreneurship Theory and Practice 34 (4): 611-33.

- Ros, Maria, Shalom H. Schwartz, and Soshana Surkiss. 2007. "Basic Individual Values, Work Values, and the Meaning of Work." Applied Psychology 48 (1):49-71.

- _____.2014. "Does Donor Support Help or Hinder Business as Mission Practitioners? An Empirical Assessment." International Bulletin of Missionary Research 38 (1): 21-26.

- Thompson, John L. 2002. "The World of the Social Entrepreneur." International Journal of Public Sector Management 15 (5): 412-31.

- Tunehag, Mats, Wayne McGee, and Josie Plummer, eds. 2004. *Business as Mission*. Lausanne Occasional Paper no. 59. Produced in Pattaya, Thailand, September 29 to October 5, 2004: Lausanne Committee for World Evangelization.

사회적 기업가 정신을 위한 신학적 원동력

― 케빈 브라운 Kevin Brown, 케빈 킹혼 Kevin Kinghorn

　1장은 비즈니스 기업을 통해 기업가 정신을 성취하고 긍정적 사회적 변화를 만들기 위한 '사회적 기업가 정신의 의미'를 다뤘다. 시장에서 기회를 찾으며 수익을 내기 위해 출자하는 많은 스타트업 회사와 대조적으로 기업가 활동과 오픈 마켓에 참여하는 선교적 기업들 모두는 보다 깊이 있는 신학적 방법론을 이해할 필요가 있다. 이 장의 목적은 경제적 개념인 교환, 생산 그리고 분업에 대해서 인력, 일터, 상호의존적 사랑의 신학을 연결하여 이해하는 데 있다.

일에서 창출되는 것

　첫째, 성경에서 하나님을 연구하면, '하나님은 일하시는 분'이시라는 것을 알 수 있다. 우리는 창세기의 첫 메시지에서 하나님의 놀라운 창조, 즉 우리가 사는 이 세상을 하나님께서 복잡하고 아름답게 거대한 질서로 창조하신 것을 알 수 있다. 하나님은 이 일들을 "보시기 좋왔더라"고 말씀하신다. 그러나 우리는 이 부분에서 '일하는 것'을 강조하시는 하나님의 의지와 첫 번째 암시를 발견할 수 있다.

하나님을 통해서 펼쳐지는 창조의 이야기인 창세기 2장에서 우리는 "여호와 하나님이 땅에 비를 내리지 아니하셨고 땅을 갈 사람도 없었으므로 들에는 초목이 아직 없었고 밭에는 채소가 나지 아니하였으며"(창 2:5)라는 복잡한 진술을 발견할 수 있다. 하나님의 해결책은 인간을 창조하시는 것이었다. 그리고 하나님이 창조하신 살아 있는 모든 것과 땅에 있는 것을 돌보라고 인간에게 위임하셨다. "그것을 경작하며 지키게 하시며"(창 2:15)Nelson 2011, 24-26라고 명령하신다.

창세기 1장의 창조 이야기에서 이미 '일'을 위한 인간의 구별된 능력이 나타난다. 왜냐하면 하나님 창조 가운데 유일하게 우리 인간이 하나님의 형상대로 창조되었기 때문이다(창 1:27). 하나님의 창조적 능력이 놀랍게도 우리에게 주어진 것이다: 즉, 기억하는 능력, 분석하는 능력 그리고 아름답고 선한 것을 위해 새로운 가능성을 형상화하는 능력이 그것이다. 하나님께서 첫 번째로 우리에게 주신 가르침은 이 창조적 능력을 발휘하도록 속박을 풀어 주신 것이다. "생육하고 번성하라"(창 1:28). 강요된 명령과는 거리가 멀게 이 놀라운 일반적 가르침은 새로운 가능성들의 초대장 역할을 하였다. 하나님은 거대한 물질들, 다양한 살아있는 생물들, 우리를 위해 주변에서 반응하는 다양한 물체들 그리고 우리의 창조적 능력을 이용하시기 위해 세상에 이것들을 창조하셨다. 그리고 지금 우리는 하나님과 함께 공동 운영자로 초대됐다. 지금 우리는 우리의 상호보완적 형태, 즉 남성과 여성으로서 새로운 삶을 만들기 위해 초대됐다. 우리는 이 세상을 계속적으로 구체화하기 위해 하나님의 형상으로 지음 받은 피조물로서 우리의 창조적 능력을 사용하기 위해 초대됐다. 물론 우리는 하나님과 동일한 존재는 아니다. 그럼에도 불구하고 하나님은 우리가 일할 때, 그분과 인간 서로의 관계 안에서 그분이 진행하시고, 창조적으로 일하시며 가꾸시는 그 사역 안에서 우리가 그분과 함께하시도록 초대하신다.^{Crouch 2013}.

일상에서 하나님의 사역^{work}과 그리스도와 연합

'인간의 일^{Work}'에 대한 보다 분명한 신학적 배경은 예수님이 이 땅에 오심과 성령의 선물과 함께 펼쳐졌다. 우리가 성경에서 읽은 예수님의 사역^{Work}은 멈춤이 없으시다는 것이다. 그분은 항상 우리를 대신해 간구하시는 분이며(히 7:25), 항상 하나님과 세상을 화목하게 하시는 사역을 하시는 분이다. 그분의 사역은(그의 기도와 십자가의 희생을 포함하여서) 하나님께로부터 온 일이었다. 예수님을 따르는 자로서 우리의 역할은 그리스도께서 이미 행하신 사역을 우리의 사역으로 덧붙이는 것이다. 우리의 일은 하나님께서 그 아들과 성령의 능력을 통해서 주신 것이다. 하나님께로부터 오는 긍정적 사역은 항상 성령으로부터 유발되고 이렇게 시작된 일은 항상 일터에서 그리스도와 연합하기 위한 것이며 성령님이 시작한 그 사역은 다시 성부 하나님으로부터 그리스도와 연합된 우리에게 제공된다(역자 주: 교회에서 맡기신 직분뿐 아니라 우리의 일상과 일터에 수행하는 일들도 삼위일체 하나님께서 우리에게 주신 성직이다). 그래서 우리는 그리스도와 연합됨을 확증하기 위해 무슨 일을 해야 할까? 그리고 우리가 일할 때 우리 서로서로는 어떤 관계를 가져야 할까? 두 가지 질문이지만 답은 하나이다. 우리가 행해야 할 그 사역을 간결하게 '주님의 지상명령'The Great Commandments에서 요약하고 있다. "네 마음을 다하고 목숨을 다하고 뜻을 다하여 주 너의 하나님을 사랑하고, 네 이웃을 네 몸과 같이 사랑하라"(마 22:37~40). 예수님의 명령은 내가 너희를 사랑한 것같이 사랑하라는 것이다(요 15:12). 우리는 사랑 안에서 그리스도와 연합하고 다른 사람에게 그 사랑을 베풀라고 초대됐다. 결국은 예수님께서 이 땅에 오셔서 하신 사역을 보면, 요한복음 10장 10절에서 말씀하신 것처럼 "양으로 생명을 얻게 하고 더 풍성히 얻게 하려는 것이다." 이 땅에서 그분의 사역은 인간을 위한 총체적 관심Holistic Concerns 으로부터 시작되었고 실천된다. 예수님께서는 인간의 영적 상태를 다루실 뿐 아니라 병든 자를 고치시고(마 15:30~31), 굶주린 자를 먹이시고(마 15:32~38), 그분의 사역을 계승한 그분의 제자들에게 사람들의 다양한 필요에 관심을 가지라고 말씀하신다(마 25:31~46).

그리스도 안에서 하나님의 나라가 이 땅에 도래하였고(실천되었고), 그리스도는 하늘나라의 풍성한 삶을 이 땅에 실천하는 변화의 사역을 시작하셨다(역자 주: '하나님의 나라 신학'에서 '하나님의 나라'는 현재적이며 미래적 의미가 있다. 여기서 이 땅에서 예수님의 사역은 현재적 '하나님의 나라' 실천을 강조한다). 다양한 삶의 모습에서 인간 존재로서 가장 번영할 수 있는 방법은 오직 하나님과의 관계와 하나님의 영이 거하시는 다른 사람과의 관계를 완전하게 하는 것이다. 이 땅에서 우리의 사역은 사람들과 다양한 모습으로 관계되어 있으므로, 우리의 궁극적 목적은 사람들이 그리스도를 통한 완전한 관계를 갖도록 도와주는 것이다.

상호의존적 사랑Interdependent Love의 삶

이 섹션에서는 지금 "우리의 사역이 무엇인가?"에 대한 질문에 대한 대답을 살펴볼 것이며, 또 "우리가 이 세상에서 하나님의 사역에 동참할 때, 하나님께서 우리 인간 서로의 관계들 안에서 의도하시는 것이 무엇인가?"에 대한 질문을 대답하기 위해 노력할 것이다. 우리가 그리스도의 한 몸으로서 함께 일할 때, 우리 서로의 관계들은 삼위일체 하나님의 영원한 긴밀한 관계를 닮아가야 한다. 즉, 우리의 관계들은 하나님 아버지, 그분의 아들이신 예수님 그리고 성령님 가운데 존재하는 완벽한 관계를 충실히 닮아가야 한다는 것이다.

그리고 "삼위일체(성부 하나님, 성자의 예수님 그리고 성령님) 안에서 완전한 관계들의 특징은 무엇인가?" 기독교 정통 가르침에 따르면 삼위일체의 세 인격은 영원하며 분리할 수 없는 존재이다. 그 인격들은 그들 스스로가 밖에 있는 어떤 존재들에 의존하지 않으시며 서로만을 의존하신다. 삼위일체 하나님의 관계는 사랑의 관계이다. 다른 인격을 사랑하시고 서로 협력하신다. 그러므로 하나님 안에서 사는 삶이란? '상호의존적 사랑의 삶'을 사는 것으로 요약할 수 있다. 우리 인간은 삼위일체 하나님 그리고 하나님의 관계적 형상 Relational Image 으로 창조되었기 때문에 우리 서로의 관계는 사랑 안에서 아버지와 아들과 성령 가운데 '상호의존 관계'를 실천할 때 완전해진다 Gutenson 2011(3, 4장).

진정한 기독교 교회는 항상 인간 상호 간의 관계를 위해 사랑의 실천을 강조했다. 그리고 상호의존 관계를 실천하기 위해 세상에서 소외된 사람들의 필요에 관심을 가진다. 구약성서에 드러나는 하나님의 초점뿐 아니라 이 땅에서 예수님이 행하신 일들을 언급한 기록도 가난한 자와 소외된 자에게 함께하라고 강조하신다. 하나님이 행하시는 것처럼 우리도 호소하지 못하고 힘없는 사람들의 필요에 초점을 맞추어야 한다. 이 실천은 단지 "그들의 물질적 필요들만을 충족시키라"는 의미만 갖는 것은 아니다. 가난하고 소외된 사람들의 대부분은 인간의 궁극적 번영을 추구하기 위한 '사랑과 상호의존의 관계'를 만드는 공동체로부터 소외되기 쉽다.

'상호의존적 관계'를 만들기 위해서는 다른 사람으로부터 받고 또 다른 사람에게 주는 이 두 가지 실천들이 이루어져야 한다. 우리는 기독교인(사랑의 공동체)으로서 가난하고 소외된 사람들을 꾸준히 돕기 위해서, 단지 그들에게 주기만 해서는 안된다. 우리는 그들 역시도 공동체에 줄 수 있는 사람이 될 수 있도록 격려해야 한다. 즉, '관계를 위한 모델'을 만들기 위해서, 우리는 모든 사람이 사랑으로 서로 의존하며, 그(또는 그녀) 스스로가 사랑을 실천할 수 있도록 하며, 다른 사람들의 필요를 충족할 수 있도록 돕는 일을 서로 실천하도록 노력해야 한다.

웨슬리:
거룩한 사랑에서 우리의 소명

존 웨슬리John Wesley는 그리스도 안에서 개인적 성장과 사랑의 상호 의존적 관계들 안에서 참여(또는 실천)가 연결된다고 분명히 말하고 있다. 그는 "그리스도의 복음은 종교적으로 아는 것이 아니고 사회적인 것이며, 단지 성결이 아니고 사회적 성결이다"(웨슬리 1739, Vol. 14, 321)라고 언급한다. 웨슬리는 그리스도를 닮아가기 위한 우리의 성장은 우리의 삶을 주님께 맡기고, 보다 더 일관되게 그분께 복종할 때 일어날 수 있다고 확신한다. 우리가 아는 것처럼, 이 순종은 다른 사람들과 함께 하나님의 계속된 사역에서 그리스도와 연합하는 것이다. 그러므로 웨슬리에 의하면 우리의 성결은 다른 사람들과 협력하며 연합하는 것을 말한다. 이 성결은 '사회적 성결'Social Holiness을 의미한다(역자 주: 존 웨슬리는 하나님과의 관계의 영성을 강조하는 '개인 성결'Personal Holiness뿐 아니라 사회 공동체와 타자들과 관계를 맺으며 사랑을 실천하는 '사회적 성결'Social Holiness)을 강조하였다.

웨슬리 신학은 '성화'Sanctification와 '그리스도인의 완전'Christian Perfection으로 성장해가는 것을 강조하는 것으로 알려져 있다. 그러나 웨슬리의 '그리스도인의 완전'의 교리는 미묘한 차이로 때때로 잘못 해석될 때도 있다. 간단히 존 웨슬리 신학을 요약하면, 우리 기독교인의 최종 목적은 '거룩한 사랑'의 실천이 되야 한다Wynkoop 1972(역자 주: '그리스도인의 완전'은 '거룩한 사랑'의 실천으로 드러난다). 우리의 교제와 관계들이 보다 더 거룩한 사랑으로 규정될 때, 우리는 주님 안에서 개인적으로 더욱 성장한다.

하나님 아버지, 그분의 아들 예수님 그리고 성령님은 그들의 관계에서 보이는 상호의존적 사랑을 통해 영원을 위한 거룩한 사랑의 모범이 되셨다. 그러므로 기독교인으로서 우리의 부르심은 우리 주 예수 그리스도의 풍성한 삶으로 다른 사람들을 이끄는 것이다. 왜냐하면, 다른 사람들도 관계적 하나님(삼위일체 하나님)의 형상으로 창조되었으며, 오직 그 사람들이 '상호의존적 사랑'으로 특징되는 관계의 공동체에 참여할 때, 그들을 위한 풍성한 삶은 가능하게 될 것이다. 우리의 부르심은 하나님이 우리에게 주신 창조적 능력을 풀어놓음으로써, 계속적인 그리스도의 사역에 참여하는 사람들을 풍성한 삶으로 이끄는 것이다.

우리가 다른 사람을 섬기는 방법을 찾으려고 할 때, 우리는 특히 소외 받은 사람들을 살펴봐야 한다. 즉, 사람들이 다른 사람들에게 도움을 받고 의미 있게 다른 사람들에게 도움을 주는 상호의존적 사랑의 공동체가 회복된다면, 서로의 도움과 필요에 주목할 것이다. 오직 우리 공동체가 상호의존적 사랑을 실천할 수 있는 공동체로 규정될 때, 진실로 하나님이 우리에게 주시기 원하는 것을 받을 수 있게 될 것이다. 공공선Public Good에 대한 기독교인의 이해는 우리가 그리스도의 몸으로서 함께 하나님 안에서 선한 것들을 찾아야 한다는 것이며, 우리는 공동체 안에서 그리고 서로의 관계 안에서 하나님으로부터 선한 것을 받아야만 한다는 것이다. 주님 안에서 '사회적 성장'(관계 성장) 없이 주님 안에 성장은 없다.

다음과 같은 질문을 할 수 있다. '사회적 성장'을 위해 무슨 활동과 프로젝트들을 시행해야 하는가?" "다른 사람들의 필요들을 가장 효과적으로 충족하며, 동시에 그들을 의미 있고, 상호의존적이며, 관계의 공동체 안에서 참여시키기 위한 기회를 주기 위해 우리가 행할 수 있는 거룩한 사랑의 사역은 무엇인가?"

하나님은 우리를 하나님의 형상으로 지으시고, 그분 스스로의 창조 능력을 우리에게 주셨다. 그분은 그것을 사용하시기 위해 우리를 초대하셨고, 우리에게 명령하셨으며 우리를 위해 탄원하셨다.

교환 경제학

지금까지 내용을 요약하면, 우리는 하나님 형상을 닮은자들로서 우리 스스로의 본질적 관계를 이해할 때 하나님이 이끄시기 원하는 것을 발견할 수 있다. 이미 언급한 것처럼, 우리의 본질은 창조적 사역과 관계적 약속들에 연결되어 있다. 또 인류학적 구성에서, 우리는 사회적 기업가 정신의 이념과 실천 관계를 통해 중요한 신학적 함의를 발견할 수 있다.

'상호의존적 사랑'의 실천을 발전시키기 위해 어떻게 기업가적 활동이 능력을 발휘하고 영향을 미칠 수 있을까? 우리는 '기업가적 활동과 '상호의존적 사랑'의 관계를 발견하기 위해 교환적 관계와 거래를 이해하는 것이 중요하다. 모든 경제학자가 폭넓게 동의하는 원리^{Mantra} 하나를 찾는다면, 그것은 "거래는 좋은 것이다"라는 것이다. 그러나 우리가 "왜 그것이 중요한가?"를 이해하기 전에, 이 원리에 배경이 되는 중요한 경제적 원리를 이해할 필요가 있다.

첫째, 경제학자들은 "사람들이 합리적이다"라고 믿는다. 이 용어는 수많은 다른 의미를 가질 수 있지만 간단하게 정리하자면 한 사람은 "목표를 찾는다"$^{Goal-Seeking}$라는 것을 의미한다. 즉 한 사람은 자신의 목적에 따라 행동한다.

둘째, "우리는 부족한(혹은 희소성의) 세상에서 산다"는 것이다. 거의 모든 경제학자의 책들 중에서 첫 번째로 정의되고 묘사되는 개념인 '희소성'^{Scarcity}은 제한된 자원의 세상에서 무제한적 욕구를 갖는 문제를 다룬다. 또한 보다 일반적인 용어들에서, 희소성은 충분히 분배될 수 없다는 간단한 인식을 요약해 준다.

셋째, "합리적인 인간은 희소성의 세상에서 그들 스스로의 상황을 인지한다면, 자신의 결정에 우선순위를 정해 실천할 것이다." 왜냐하면 자원은 제한되어 있고, 사람들은 합리적이며 그리고 결정들은 최고의 활동을 위한 것이어야 한다. 즉, 그들은 제한된 자원들을 가지고 '가정 수익'(역자 주: 경제학자들은 이것을 효용Utility이라고 정의한다)을 낼 수 있는 생산적 선택을 해야 한다.

거래와 효용

거래, 효용과 같은 중요한 경제학적 전제는 우리의 협력적 상호작용과 이 상호작용을 통해 상호 간에 수익을 내기 위한 함축적 내용을 담고 있다. 한 예를 들면, 함께 모여 있는 한 그룹이 있고, 그 그룹 안의 각 개인들에게 무작위로 간식을 제공하는 것을 상상해 보라. 그 간식들은 건강한 간식(과일 및 정제하지 않은 곡물로 만든 칩들)과 건강하지 않은 간식들(캔디바 또는 탄산 음료수들)로 구성되어 있다. 1점부터 10점까지 점수를 줄 수 있다고 하고 각각의 사람들에게 자신이 받은(여기서 효용성 평가) 간식의 만족도를 평가하라고 요청해 보자. 더 나아가 왜 그들이 이 만족도의 점수를 평가했는지 근본적 이유를 들어 보고, 그들의 간식에 대한 만족도 평가점수를 기록해 보자. 예를 들면 몇몇 사람은 "나는 나의 간식에 4점의 점수를 주었습니다. 왜냐하면 건포도는 저에게 두통을 유발하기 때문이에요"라고 말했고, 또 다른 사람은 "나에게 주어진 설탕 봉지에 7점을 주었습니다. 왜냐하면 나는 그것을 나의 커피에 넣었기 때문입니다"라고 말했다.

각 개인이 준 점수들은 그 그룹에서 전체적으로 우리에게 준 효용 가치 점수를 나타낸다. 다양한 사람들을 고려하지 않은 무작위적인 간식 분배는 사실상 비효율성을 일으키거나, 또는 그들이 소망하는 것 중 선호하는 것보다는 차선적인 것을 공급하게 된다. 그래서 이런 질문이 또 제기된다. 이 평가점수를 높일 수 있는 방법이 무엇인가? 그 대답은 거래^{Trade}이다.

'거래'를 전제로, 다시 간식 분배를 상상해 보라. 이번에는 각각의 사람을 위해 정해진 시간에 거래가 허락된다. 개인들은 그 간식들을 간직할 수 있고 또한 교환할 수도 있다. 이 거래들 이후에 우리는 새로운 효용성 점수를 받았는데 그 점수는 첫 연구보다 훨씬 높은 점수였다.

이 연구는 아주 간단한 것이지만 이것은 아주 중요한 경제학적 원리를 보여 준다. 즉, '거래'는 상호 간의 수익을 내는 '교환'을 허락한다는 것이다. 합리적인 사람이라면 교환을 통해서 수익을 내지 못하는 경우 교환을 하지 않을 것이다. 그래서 교환할 때는 새로운 가치가 창출된다. 두 사람이 교환하면서 합리적으로 행동한다면, 교환을 행하는 그들 둘은 부유하게 될 것이다. 그것이 위에서 언급한 간식의 예들 중 캔디 거래이든지 또는 국제적으로 행해지는 밀, 타이어 면 거래이든지, 이 거래는 이전 거래에서 존재하지 않은 가치를 창출할 것이다.

비교 우위

비교 우위Comparative Advantage는 우리의 능력과 관계되는 교환의 관점에서 두 번째 측정 개념이다. 우리 모두는 하나님께서 주신 다양한 기술, 재능, 능력이 있다. 게다가 우리의 창조적 능력의 발전은 생산적 일(예: 의학, 예술, 교육, 농업 등)에 우리를 전문가가 되게 만든다. 우리가 우리의 기술을 극대화하고 그것들을 가장 최선으로 그리고 가장 생산적 잠재성을 가지고 사용할 때, 우리는 경제학자들이 이야기하는 비교 우위를 갖게 된다. 특별한 기술과 거래를 위해 비교 우위를 갖기 위해서는 내가 누군가보다 어떤 일을 더 잘 해야 한다는 것을 의미하는 것은 아니다. 오히려, '비교 우위'는 내가 그것을 행하기 위한 비용이 다른 사람이 행하기 위한 비용보다 적게 들어간다는 것을 의미한다.

예를 들면, 내가 의자를 생산하기 위한 열정과 기술이 있다고 상상해 보자. 그러나 나의 이웃은 물고기를 잡을 능력과 재능을 가지고 있다. 우리 둘 다 의자를 만들 수 있다. 그리고 우리 둘 다 물고기도 잡을 수 있다. 그러나 어느 날 내가 잡은 물고기 수가 의자를 생산할 수 있는 수의 노력과 비교했을 때 적은 물고기를 잡았다. 반대로, 나의 이웃은 그가 잡은 물고기 수가 그가 생산할 수 있는 의자의 수보다 더 많은 물고기를 잡았다. 우리 둘 다 물고기를 잡고 의자를 함께 생산할 수 있다. 그러나 우리는 각각의 다른 영역에서 '비교 우위'를 가지고 있다.

게다가 비교 우위가 존재하는 한(즉, 생산적 활동에서 전문화가 사회의 구성원들에게 다르게 존재한다면), 우리는 다른 사람과 거래함으로써 보다 큰 이익을 얻을 수 있다. 위의 예에서 내가 의자를 만드는 것에 전문화되었고 나의 이웃이 물고기를 잡는 것에 그의 시간과 관심을 통해 모든 것을 헌신한다면, 나와 내 이웃은 서로 거래를 통해 보다 많은 의자를 얻고, 우리가 잡을 수 있는 물고기보다 많은 양을 얻을 수 있다. '전문화' 그리고 '거래' 이 두 가지는 우리를 더 성장하게 만든다.

결론

이 장을 요약하면, 우리의 사역은 하나님의 공동 창조$^{Co\text{-}Creating}$ 안에서 다른 사람의 풍요로운 삶을 만드는 거룩하고, 상호의존적 사랑을 실천하는 것이다. 공공선을 찾고 얻을 수 있는 특별한 수단 중에 하나는 '기업가적 활동'임을 알 수 있다. 그리고 특별히 우리가 여기서 그것을 '사회적 기업가 정신'으로 묘사하였다.

상호 간에 유익한 '교환'의 실천 그리고 하나님이 주신 '재능'들을 사용함으로써 '전문화'가 되면, 우리 상호의존적 성장, 참여 그리고 상호 발전시키는 활동 등의 기독교적 목적을 성취할 수 있다.

자연적으로 우리는 믿음의 사람으로서, '가치의 창조'에 매혹되고 그것을 창출하기 위해 노력해야 한다. 오픈 마켓은 생산, 생산물 그리고 서비스의 교환을 통하여 개인들에게 다른 사람들과 협력할 수 있는 기회를 부여한다. 또한 추가적인 혜택으로 오픈 마켓은 다른 사람들이 주어진 사회적 환경 안에서 가치와 실천의 자원을 얻을 수 있도록 도와준다.

그러나 이것은 신학자 David Atkinson(1995, 118)이 언급한 것처럼 '자유 무역'이 '기독교적 슬로건'이라는 의미는 아니다. 게다가 '교환의 관계'를 허락하는 상태 하나로만 '왕국'(역자 주: '하나님의 나라'의 현재성)의 목적을 충분히 실천했다고 말할 수도 없다. 그럼에도 불구하고 우리가 하나님의 형상으로 창조된 인간으로서 우리의 창조적 활동과 생산적 사역은 우리에게 구원적 방식Redemptive Manner으로 교환과 거래 계약을 이용하게 허락된다. 이 활동의 중심은 우리를 사회적 선교Social Mission로 이끌며 사회적 그리고 영적 가치를 창조하도록 초점을 맞추게 한다(이것은 단지 경제적 가치만을 의미하지 않는다).

Q1 이 장은 우리가 일하기 위해 창조되었다고 언급하며 시작됩니다. 이것은 '수고'Toil의 개념과 어떻게 다를까요?

Q2 이 장은 웨슬리의 유명한 말, "그리스도의 복음은 종교적으로 아는 것이 아니고 사회적인 것이며, 단지 성결이 아니고 사회적 성결이다"를 강조합니다. 이 장은 어떻게 성결을 재정의하며, 웨슬리의 성결은 우리의 생산적 활동과 무슨 관계가 있습니까?

Q3 우리의 관계와 상호의존적 측면을 제거한다면 우리의 사역은 어떻게 될까요? 오늘날 현대 시장에서 이런 일이 발생하는 곳은 어디일까요?

Q4 당신의 사역을 생각할 때, 구원적 방식으로 교환과 거래 계약을 이용할 수 있는 부분이 있을까요?

Q5 당신의 기술, 재능, 능력 그리고 열정을 고려한다면, 당신이 비교 우위 Comparative Advantage를 가지는 부분은 어디일까요? 하나님과 이웃을 사랑하기 위해 그 우위를 어떻게 사용할 수 있을까요?

참고문헌

- Atkinson, David J. 1995. "Economic Ethics." In D. J. Atkinson & D.F. Field, eds. New Dictionary of Christian Ethics and Pastoral Theology. Downers Grove. IL: IVP Academic.

- Crouch, Andy. 2013. *Playing God: Redeeming the Gift of Power*. Downers Grove, IL. InterVarsity Press.

- Gutenson, Charles. 2011. *Christian and the Common Good: How Faith Intersects with Public Life*. Grand Rapid, MI: Brazos Press.

- Nelso, Tom. 2011. *Work Matters: Connecting Sunday Worship to Monday Work*. Wheaton, IL:Crossway.

- Wesley, John, and Charles Wesley. 1739. *Hymns and Sacred Poems*. In The Works of John Wesley, 14 vols. Grand Rapids, MI: Zondervan Publishing House, 1958.

- Wynkoop, Mildred Bangs. 1972. *A Theology of Love: The Dynamic of Weselyanism*. Kansas City, MO: Beacon Press.

우리의 사역은 하나님의 창조 안에서
다른 사람의 풍요로운 삶을 만드는
거룩하고 상호의존적 사랑을 실천하는 것이다.

웨슬리안의 "사회적 기업가 정신"은 무엇인가?

—— 케빈 브라운 Kevin Brown, 케빈 킹혼 Kevin Kinghorn, 테피와 무체레라 Tapiwa Mucherera

1장에서 언급한 것처럼, '사회적 기업가 정신'은 사회적 필요에 의해서 시작된다. 또한 우리는 2장에서 신학적 토론을 통해 '사회적 기업가 정신'의 두 번째 특징을 정리했다. '사회적 기업가 정신'은 사회적 필요(욕구)를 다룬다. 즉, 사회적 기업가들은 다른 사람들의 필요를 충족하기 위해서 일하길 원한다. 이는 본질적으로 웨슬리안Weselyans이 다룬 주제이다.

웨슬리 생애에서 예들

존 웨슬리는 그의 삶의 여정에서 폭넓고 다양한 프로젝트를 시행했으며, 이것들 중 '사회적 기업가 정신'에 해당하는 두 가지 특징(첫째, 사람들의 '사회적 필요'를 충족하기 위해 시작됨. 둘째, '상호의존 관계들' 안에서 다른 사람의 필요를 충족하기 위해 공헌하는 것)을 보여 주었다. 그는 불우한 어린아이들의 교육을 위해 학교를 시작했으며, 성직자들을 위해서 은퇴 후 살집을 지었고, 교회 그룹들을 위해 신학 책과 커리큐럼을 제공할 출판사를 설립했다. 그리고 웨슬리는 간단한 의학 안내서를 집필하고 출판하여 총체적holistic으로 신자를 돌보기 위해서 설교자와 성도들에게 그 책을 보급하였다. 이런 사역들은 그의 삶의 여정에서 다른 사람들의 관심 밖에 있는 필요를 충족하기 위해서 계속적으로 이루어졌다. 그리고 웨슬리는 그 사람들의 필요가 충족됐을 때, 도움을 받은 사람들이 또 다른 사람들의 필요를 충족하기 위해서 준비되어 간다는 것을 깨달았다.

물론, 웨슬리가 혼자서 사회적 기업가 정신의 두 가지 특징을 규정짓는 그 프로젝트 모두를 떠맡은 것은 아니다. 그러나 웨슬리는 그가 시작했던 경제적 프로젝트에 한 가지 구별된 특징을 덧붙였다. 그리고 웨슬리는 '사회적 기업가 정신'을 실천하기 위해 매우 조심스럽게 이 특징을 고려했다.

웨슬리의 관심

존 웨슬리의 생애 후반부 마지막 몇 년 동안, 그는 "어떻게 감리교인들이 미래에 '돈'에 대해 해석해야 할 것인가?"에 대한 관심을 갖게 되었다. 그가 죽기 몇 년 전에 출판된 "감리교에 대한 생각들"Thoughts upon Methodism에서 웨슬리는 "종교는 부지런함과 검소를 생산해야 한다. 이

미덕들은 늘 부를 생산한다"Kinghorn 2014, 235라고 언급했다. 특별히 초기 감리교인들에게 웨슬리는 "모든 장소에서 부지런하고 검소한 사람에 의해 소유가 증가하는 것을 목격했다"Kinghorn 2014, 235고 가르쳤다. 존 웨슬리에 의하면, 정직한 부지런함을 통한 부의 축적은 잘못된 것이 아니었다.

그러나 웨슬리는 자연적으로 얻게 될 미래의 부(역자 주: 노동과 노력 없는 부)의 큰 위험성을 알았다. 그래서 그는 미리 경고했다. "나는 부의 증가가 두렵다… 종교의 본질은… 동시에 감소하기 때문이다. 부가 증가함으로써, 교만, 분노 그리고 세상을 사랑하는 이런 모든 특징들도 함께 성장하기 때문이다."King horn 2014, 234-5. 웨슬리가 그의 삶의 마지막에 했던 설교문들을 보면 "재정을 다루는 것에 대한" 충고와 경고가 가득 차 있다. 이 설교들은 '부의 위험'The Danger of Riches, 1780, '하나님의 포도원에서'On God's Vineyard, 1787 그리고 웨슬리가 마지막으로 출판한 설교문 '증가된 부의 위험'The Danger of Increasing Riches, 1790이다. 웨슬리는 그의 삶을 통해서 감리교인들에게 부를 얻기 위해 미덕들Virtues을 발전시키고 절약하라고 격려한다. 마지막으로 웨슬리는 삶에서 되풀이하여 "우리가 음부의 지옥에 떨어지지 않으려면 어떤 방법으로 돈을 다루어야 할까?"라고 질문하곤 했다. 그리고 웨슬리는 "오직 한 방법뿐이다. 그리고 하늘 아래 다른 방법은 없다. 얻을 수 있다면 모든 것을 얻고 저장할 수 있으면 모든 것을 저장하며 줄 수 있으면 모든 것을 주어라"라고 했다.Kinghorn 2014, 235.

웨슬리안 신학의 독특성

비즈니스, 경제적 관점에서 존 웨슬리의 공헌은 오직 개인 스스로의 안위를 위한 목적인 부의 축적 그리고 비즈니스의 위험성을 언급했을 뿐 아니라, 소수 개인의 부 집중에 대한 대안(치료책)으로서 서로의 삶을 나누고 책임을 지는 기독교 소그룹 Christian Accountability Group 시스템을 활용하도록 가르쳤다. 웨슬리는 감리교인들은 신도회 Society(넓은 공동체 모임), 속회 Class(12명 내외 모임) 그리고 조 Band(5-6명으로 구성된 모임)에 참여하도록 격려했다. '서로 책임지는 그룹' Accountability Group은 서로의 개인적 재정뿐만 아니라 비즈니스의 활동을 책임지는 것을 포함하며, 경제적 나눔의 가르침은 그룹의 목적들 중 핵심적 요소였다. 그러므로 웨슬리안 사회적 기업가 정신의 독특성은 다음과 같다: 비즈니스 기업들은 웨슬리가 권고한 "얻을 수 있다면 모든 것을 얻고 저장 할 수 있으면 모든 것을 저장하며 줄 수 있으면 모든 것을 주어라" Wesley 1872라는 가르침의 실천을 통해 상호 간의 책임(특별히, 경제적으로)을 지는 엄격한 시스템에 참여하라는 것이다.

요약하면, '웨슬리안 정신'에서 발견할 수 있는 '사회적 기업가 정신'의 세 가지 특징은 다음과 같다.

1) 사회적 기업은 사회적 필요(욕구)를 확인하며 하나님의 인도하심을 따름으로써 시작해야 한다.

2) 사회적 기업은 상호의존적 관계(사랑)들 안에서 다른 사람들의 필요를 충족하기 위해 의미 있는 공헌을 해야 한다.

3) 우리는 기업가 정신의 실천을 위해서 다른 기독교인들과 '상호 간의 책임'을 확인할 수 있는 사역에 참여해야 한다.

'사회적 기업가 정신'의 현대적 적용을 위해 이 세 가지 특징을 구체화해야 한다. '사회적 기업가 정신'은 우리 세상에서 긍정적 사회 변화를 이루는 방법을 실천하도록 한다.

인도양의 쓰나미(2004), 허리케인 카트리(2005) 그리고 아이티 지진(2010)이 일어났을 때, 다른 공동체의 구성원들은 피해를 입은 지역들로 왔고 그들이 할 수 있는 만큼 어려움을 당한 사람들을 도왔다. 재난으로 어려움을 경험한 사람들에게 필요한 것들이 알려졌다: 지붕과 건물 붕괴로부터 사람들을 구출하는 것, 깨끗한 물과 음식을 공급하는 것, 사람들을 마른 땅으로 이송하는 것 그리고 잔해를 치우는 것. 처음에 주요한 관심은 피해를 입은 사람들의 육체적 안전과 기본적으로 그들이 매일 필요한 것들을 공급하는 것이었다.

이 어려운 재난의 환경에서 빠른 시간 안에 사람들을 위험으로부터 빼내야 하고, 긴 기간 동안 필요한 해결책을 제안할 수 있어야 한다. 긴 기간이 필요한 것을 짧은 기간에 해결하려고 하는 것은 깊은 상처에 반창고를 붙이는 것과 동일하다. 이런 점에서, 다음 섹션에서의 예는 협력적 관계에서 긴 기간 동안 성공적인 프로젝트가 수행된 예를 보여 준다. 많은 예들 중에서도 이 예는 사람들의 필요를 충족시켜 주며, 도움을 통해 공동체에 참여하고 공헌하게 하는 웨슬리의 관심을 반영한 것이다.

변혁적 사회적 기업 프로젝트들의 수립

사회적 변혁Social Transformation을 위한 의미로서, 사회적 기업가 프로젝트들은 협력을 통해서 최선을 만들기 위한 목적으로 시작된다. 앞에서 언급했듯이, 사회적 변혁 프로젝트의 첫 번째 단계는 '사회적 필요들'Social Needs을 확인하는 것이다. 공동체의 주요 리더들(내부자들)은 사회적 필요들을 확인하는 작업을 맨 먼저 시작해야 만 한다. 즉 이 필요를 확인하는 과정은 내부로의 접근성이 요구된다.

1999년 나(테피와 무체레라)는 아프리카 짐바브웨에 갔고 내가 이전 1986년도에 목회한 지방회에 갔다. 그 지방회에는 이전에 내가 목회했을 때, 학생회에 참여한 한 학생이 목사가 되어 목회하고 있었다. 그의 이름은 Passweell Chitiyo였다. 그는 나를 만나서 좋아했고 나에게 그 지역에 있는 고아원의 필요들에 대해 이야기했다. 그 목사는 이미 필요한 것에 대해 연구했고, 그 지역 학교들에서 일하는 선생님들의 도움으로 아이들이 부모의 에이즈 질병 때문에 고아가 되었다는 정보를 수집해 놓은 상태였다. 그 목사는 반경 약 60킬로미터 내에 여섯

교회를 목회하고 있었다. 이 지역 내에서, 그들은 약 2세에서 18세 사이의 고아가 대략 200명이 있다는 것을 확인했다. 그 어린이들의 대부분은 학교에 갈 나이였고 혼자 살든지 친척들과 함께 살고 있었다. 그들 중 몇 명은 어린이만 있는 가정의 가장 역할을 하고 있었다. 가장 역할을 담당하고 있는 어린이들 중 소수의 경우는 부모 중 한 명이 죽고, 다른 부모는 질병으로 고통을 경험하고 있었다.

 어린이들은 많은 것이 필요한 상태였다. 그러나 그 지역에서 일하거나 사는 사람들은 아이들의 필요를 충족하기 위한 본질적 어려움을 알고 있었다. 예를 들면, 그 지역의 몇몇 여성들은 고아 어린이들을 돕기 위한 방법을 찾기 위해 목회자와 함께 왔다. 그러나 그 필요를 돕기 위한 재정이 없었다. 그들은 고아들을 돕기 위해서 원예, 닭, 염소들을 키우는 것과 같은 프로젝트들을 계획했다. 또한 스스로의 생계를 위해 이 프로젝트들을 사용하고자 했으나, 그 프로젝트들을 시작할 재정이 없었다.

 공동체 밖에 사는 사람들보다는 공동체 안에서 사는 사람들에게 어려움을 경험하는 사람을 돕기 위한 아이디어를 얻기 쉽다. 공동체 안에서 사람들을 통해 필요들을 확인할 수 있으며, 우리가 시행하는 프로젝트들이 실행, 유지 가능한지를 일반적으로 공동체 안에서 확인할 수 있다. 공동체에 사는 사람들에게 결코 이해할 수 없는 비전 Vision을 제시하고, 그 프로젝트를 공동체 사람들이 만족하지 못한다면 (얼마나 좋고, 재정을 많이 들인 프로젝트인지에 대한 것은 중요하지 않다), 공공의 동의 없이 밖에서 들여온 이 프로젝트들은 사라지기 쉽다. 변혁적 사회적 기업가 프로젝트들은 사람들의 필요를 충족하고, 사람들에게 힘을 주는 소망으로 운영된다. 이것은 우리가 많이 들어 본 다음과 같은 격언, "여러분이 한 사람에게 물고기를 준다면, 여러분은 그 사람을 하루 동안 먹일 수 있겠지만, 물고기 잡는 방법을 가르쳐 주면, 그가 살아가는 동안 먹을 수 있습니다"로 요약할 수 있다. 물고기를 잡는 방법을 배운 사람은 그의 공동체에 있는 호수 또는 댐에서 물고기를 잡을 것이며, 꾸준히 그 자원을 활용할 수 있을 것이다. 사회적 기업가들은 덧붙여서 "여러분이 한 사람에게 낚시대를 만드는 방법을 가르쳐 준다면, 이 비즈니스는 전체 공동체를 먹이는 힘을 줄 수 있을 것입니다"라고 말한다. 그가 낚시대를 만드는 비즈니스를 발전시킨다면, 전체 공동체를 먹이기 위한 일자리를 창출할 수 있을 것이다. 선교사들을 통해 계속적으로 사람들 스스로 자족하고 유지하는 수단을 만들도록 돕는 것은 삶을 변혁시키는 사회적 기업가 프로젝트의 성공적 예를 만드는 것이 될 것이다.

 짐바브웨의 목회자는 공동체로부터 확인한 필요들을 충족하기 위해서 그의 계획과 목적을 나와 나누었다. 즉, 정미소, 조류 사육, 돼지 사육 등과 같이 생계를 유지를 위한 프로젝트를 시작하기 위해 자원을 동원할 방법을 나누었고, 고아들을 영적, 도덕적, 물질적으로 도우며 스스로 생존할 수 있도록 그들에게 기술 훈련을 시키기 위한 방법을 이야기했다. 자원봉사 여성 돌봄이들을 경제적으로 돕기 위해서 넉

타이와 염료 비지니스와 같이 스스로 수입을 얻을 수 있는 프로젝트를 시작할 수 있도록 그녀들을 훈련시킬 방법을 개발했다. 그리고 도움을 주기 위한 첫 번째 단계로, 워크샵과 교육 프로그램을 고민했고, 본질적 변화를 위해 에이즈의 위협을 감소시키기 위한 프로젝트를 구상했다.[Musodza and Chitiyo 1999, 2] 마하트마 간디가 말한 유명한 말 중에 하나를 인용해서 짐바브웨의 목사는 "가난은 폭력의 가장 안 좋은 형태입니다. 가난을 대하는 누군가는 그것이 얼마나 값비싼 것인지 압니다"라고 말했다. 그리고 나는 그에게 가난과 에이즈, 이 두 가지의 치명적인 결합은 인간 역사를 통해 전쟁들보다 더 나쁜 것이라고 덧붙여 응답했다. 그 목사의 계획은 아주 획기적인 것이었다. 그래서 그는 가난과 질병과 싸우기 위해서 공동체에 비전을 제시했고, 더 나아가 그 지역 안에서 활동하는 참여자들을 위해 힘을 주고 회복시키기 위해 노력했다.

사회적 기업가 프로젝트의 수립

나는 고아들을 돕기 위한 총체적 접근Holistic Approach 중 그들의 육신적 필요들을 충족하길 원했고, 1997년 짐바브웨의 많은 고아들이 처한 곤경을 알게 되었을때, 콜로라도 주의 하이랜즈 랜치시Highlands Ranch

에 위치한 성 마가 연합감리교회의 23명의 선교팀과 함께 짐바브웨의 무레와시Murewa 치팀베Chitimbe에 가게 되었다Mucherera 2009, 104. 우리는 정미소를 위한 대지를 구입했고 건물을 짓는 것을 도왔다. 우리는 지역 주민들과 함께 일했고 공동체에 있는 고아들을 돕기 위한 공동 협력관계를 만들었다. 우줌바 고아 단체Uzumba Orphan Trust는 고아들을 고아원에 수용하지 않고 도울 수 있는 방법을 제시했고, 이는 많은 공동체에게 대안적 모델이 되었다. 그 단체의 주요 목적은 고아들을 위해 공동체에 기반한 돌봄 시스템을 만드는 데 있었다. 우리가 짐바브웨를 떠날 때쯤, 우줌바 지역에 대략 300여 명의 고아를 지원하기 위한 정미소를 세우는 것을 완료했다. 그리고 우리는 정미소를 시작할 수 있도록 기계 수리비를 지원하기 위해 이천 달러 이상을 남겼다. 선교팀은 고아원에 주기 위해서 옷가지들을 지원했다.

    콜로라도에서 온 사람들은 공동체의 참여와 협력 없이 그 지역 프로젝트를 계획하지는 않았다. 오히려 그 공동체에 문제를 확인하고 자금과 인력들을 활용하여 그 프로젝트를 성공적으로 운영하기 위하여 지역민들이 무엇이 필요한지 세밀히 살펴보았다. 더 나아가 선교팀원들은 그들이 공급할 수 있는 모든 자원(블럭, 모르타르, 물, 모래, 노동력 그리고 정미소를 짓기 위한 땅 등)을 공급했다. 그들은 빌딩을 짓는 미국인 건축가들과 목수들을 초청했고, 또한 지역 건축가들과 목수들은 그 정미소를 건축하는 것에 앞장서서 함께 실천했다. 그 프로젝트에 수혜를 입을 고아들도 건축을 도왔다. 그리고 우리는 이 협력 사업을 통해 지속적인 관계를 구축했다.

이 프로젝트는 다른 여러 단체에게 주목 받을 만큼 성공적이었다. 우줌바 고아 단체Uzumba Orphan Trust는 많은 공동체 안의 고아들에게 변화된 삶을 위한 광범위한 경제적 노력을 보여 준 모델이 되었다. 연합감리교회 교단 선교국the General Board of Global Ministries에서 일하는 조이 버틀러Joy Butler는 "그 정미소의 수립을 통해서, 우줌바 고아 단체Uzumba Orphan Trust 프로젝트는 에이즈 때문에 고아가 된 아이들을 후원하기 위한 모델로서 유니세프UNICEF, 남아프리카 에이즈 단체, 연합감리교회 교단선교국GBGM 그리고 많은 다른 비정부 기구NGO에게 주목을 받게 되었다. 이 프로젝트의 비전은 짐바브웨 전국에 퍼져나가고 성장하게 되었다Butler 2000"고 했다.

2003년에는 무타레Mutare 그리고 치부웨Chibuwe연합감리교회와 가까운 그웨세Gwese연합감리교회에서도 비슷한 프로젝트가 설립되었다. 2006년에는 네 개의 정미소가 페어필드 고아원, 빈두라Bindura연합감리교회, 무롬베드지Murombedzi 그리고 므하쿼Mhakwe를 위해 건축되었다. 페어필드, 무롬베드지 그리고 그웨세 교회들에 있는 그 프로젝트 리더들은 프로젝트를 잘 운영하고 있으며 지역 공동체에 큰 영향을 미치고 있다.

성공과 도전

이 프로젝트를 위한 가장 큰 도전 중 하나는 목회 리더십의 '계속적 교체'에 있다. 이 공동체 중 몇몇은 그 프로젝트를 지원, 유지하는 것에 힘을 쓰지 않은 목회자들을 임명했다. 불행히도 이것은 그 프로젝트의 힘을 떨어뜨린다. 유감스럽게도 정미소들 중 두 곳은 목회 리더십의 교체 때문에 설립되지 못했다. 그 실패한 두 경우를 보면, 처음 함께 프로젝트를 계획했고 그 정미소를 설립하기 위해 공동체와 일했던 목회자들이 있었다. 그러나 그 프로젝트가 완결되기 전에 그들이 떠나게 되었다. 게다가 열정이 부족한 후임 목사들은 노하우$^{know-how}$를 갖지 못했고 그 프로젝트를 통한 긍정적 효과를 예상치도 못했다.

이런 도전에도 불구하고, 앞서 언급한 프로젝트들은 정미소 수익을 가난한 어머니들과 아이들을 위해 사용함으로써 매우 성공적이었고, 계속적으로 사람들의 삶을 변화시킬 수 있었다. 다시 프로젝트의 핵심을 보면, 이 프로젝트는 그들 스스로 공동체 안에서 주고받는 형태라는 점이다. 목회자가 교체될지라도 이 프로젝트가 이미 설립되어 있다면, 그 공동체 사람들은 그 프로젝트를 운영할 수 있을 것이다. 그 프로젝트들은 개인의 삶을 변화시킬 뿐 아니라 전체 공동체가 그들 스스로의 가치를 발견하고, 자부심을 느낄 수 있게 했다.

결론

이 장은 '사회적 기업가 정신'을 보다 총체적 접근으로 이해하며 긍정적인 사회 변화를 만들기 위한 소망을 담았다. 존 웨슬리가 제안했듯이, 사회적 기업을 위한 신학적 원동력은 단순히 사회적 필요를 확인하거나 다루는 것만이 아니라 상호의존적이고 관계적인 사랑, 공동체 참여 그리고 인간의 존엄성을 확인하는 방법에 공헌할 수 있는 힘을 부여하고, 사람들의 욕구를 충족할 수 있는 방법을 찾는 데 있다.

짐바브웨 고아 프로젝트는 총체적 접근을 구체화할 수 있는 예로 볼 수 있다. 이 프로젝트는 지역 목회자의 공동체 필요를 연구하는 조사로부터 시작된다. 그 필요를 확인하고 공동체에서 상처받기 쉬운 소외 받은 사람들을 섬기기로 결정한 이후, 지역의 구성원들은 두 가지 측면, 즉 긍정적 변화를 이끌 수 있으며 실행 가능하고 지속 가능한, 작지만 큰 영향력을 발휘할 수 있는 프로젝트들을 연구했다. 더 나아가 지역 공동체가 이를 스스로 독자적으로 유지할 수 있는 것도 고려했다. 그들은 공동체 문제들을 확인한 후 자원을 공급받고, 그들의 새로운 계획을 시행하기 위한 시설(정미소 같은)을 지원받기 위해 공동체 밖의 그룹들과 파트너를 이룬다. 최종적 결과물은 지속 가능할 뿐 아니라 사회에서 상처 받기 쉬운 사람들의 회복을 위해 필요한 것을 공급하기 위해, 도움을 주기 위한 수익을 내는 기업(벤처) 모델이다. 이 스토리는 많은 부분에서 매우 구속적 특징 Redemptive way을 보여 준다. 그

중에 한 가지 중요한 구별된 가치가 있다. 웨슬리에 의하면, 사회적 기업가 정신은 단순히 이타적 또는 사회계약론적 평등을 목적으로 형성되는 것이 아니다. 오히려 존 웨슬리의 목적은 보다 더 깊은 의미를 내포하고 있다. 웨슬리의 신약성서주해Explanatory Notes upon the New Testament에서, 특별히 누가복음 주해 부분에서 그는 "마음의 정직한 솔직함과 함께, 사람과 사람은 친족인 것을 기억하라. 그리고 우리 본질의 기원적 규약 안에서 하나님께서 우리 서로 서로를 함께 묶으시는 행복한 직관을 만들라"(존 웨슬리 1818, 174)고 언급한다.

다른 말로, 인간 존재들은 간단히 관계 또는 소속을 선택하는 것이 아니라 오히려 그 '함께함'이 우리의 DNA이다. 웨슬리가 언급했듯이, 우리는 "관계로서 형성"됐다. 하나님은 관계를 위해 우리를 창조하셨다. 이것은 우리가 어떻게 사회적 기업가 정신의 의미를 고려해야 하는지를 함축하는 것이다. 본질적으로 소셜벤처들, 프로젝트들 또는 진취적 정신들은 단순히 이타적 도움을 의미하는 것만은 아니다. 하나님은 회복, 도움 그리고 서로 사랑 안에서 우리의 자유와 일체함을 위해 기묘하게 우리를 연결하며 디자인하셨다.

Q1 사회적 기업가 정신 프로젝트가 성공하기 위한 주요 요소는 무엇이라고 생각하세요?

Q2 여러분의 공동체에서 성공적 사회적 기업가 정신 프로젝트 예들이 있습니까? 보다 총체적 접근 안에서 오늘날 사회적 기업들의 성공과 실패는 어떤 부분인가요? 그 예들 안에서 하나의 공통된 주제를 발견할 수 있을까요?

Q3 이 장의 끝에 존 웨슬리는 우리가 "관계로서 형성됐다"고 했습니다. 이러한 그의 믿음은 우리의 창업 회사(기업들)의 실천적 접근을 어떻게 변화시킬 수 있을까요? 오늘날 이 믿음의 정신을 잃어버린 곳을 어디일까요? 이러한 웨슬리 정신은 어디서 볼 수 있을까요?

Q4 당신의 공동체는 모든 사람이 상호의존적으로 공헌하는 자립적 기업으로 자선 프로젝트를 수행하고 있나요? 이러한 변화를 추구하고자 한다면 무엇부터 실천해야 할까요?

Q5 기업의 재정적(혹은 경제적) 실천과 영적 성장을 위해 존 웨슬리가 강조한 소그룹 모임으로 해당 이슈를 나누고 있습니까? 아직 하지 않는다면 그런 그룹에 참여하고 시작하기 위해 당신을 향한 하나님의 부르심은 무엇이라고 생각합니까?

참고문헌

- Butler, Joey. 2000. "It Really Does Take a Village: Uzumba Orphan Trus Keeps AIDS Orphans in Their Own Homes, "Interpreter. (Noverber-December): 28.

- General Board of Global Ministries of the United Methodist Church. n.d. Zimbabwe HIV-AIDS. Advance #3021529. https://www.umcmission.org/findresources/newsletters/connectnmission/2016/cnmoctober13

- Kinghorn, Kenneth Cain, ed. 2014. *John Wesley on Methodism*. Lexington, KY: Emeth Press.

- Mucherea, Tapiwa. 2009. *Meet Me at the Palaver: Narrative Pastoral Counseling in Postcolonial Contexts*. Eugene, OR: Cascade Books.

- Musodza R., and P. Chitiyo. 1999. Uzumba Orphan Trust: Report for the period of 1998-1999. Chitimbe, Zimbabwe.

- Rose, Laurel L. 2007. *Children's Property and Inhertance Rights, HIV and Aids, and Social Protection in Southern and Eastern Africa*. Working Paper no. 2. Hive/AIDS Progrmame. Rome: Food and Agriculture Organization of the United Nations and the Norwegian Ministry of Foreign Affairs, 27 section 4.1.

- Wesley, John. 1818. *Explanatory Notes Upon the New Testament*. Fourth American Edition. New York: J Soule and T. Mason for the Methodist Episcopal Church in the United States.

- Wesely, John. 1872. The Use of Money. Sermon can be accessed from http://wesley.nnu.edu/john-wesley/the-sermons-of-john-wesley-1872-edition/sermon-50-the-use-of-money/

훌륭한 아이디어로부터 훌륭한 시작

— 제이 문 W. Jay Moon

많은 미국인이 잘 알려지지 않은 심각한 질병과 매일 씨름한다. 스티브 잡스에 의하면Elmer-Dewitt 2001, 그 고질병은 '좋은 아이디어가 일을 시작함에 있어서 90퍼센트를 차지한다'는 생각이다. 우리가 아무리 좋고 훌륭한 아이디어들을 가지고 있을지라도 우리가 실행하지 않는다면 그것들은 실현되지 않은 꿈들로서 서서히 사라질 것이다. 당신은 아마도 이런 말을 들은 적이 있을 것이다. "아이디어는 1달러의 가치가 있으나 실천은 백만 달러의 가치가 있다."

하나의 훌륭한 아이디어로 세상을 변화시킨 22세 에밀리의 예를 살펴보자. 그녀는 서아프리카 가나에서 성장했고 미국에 돌아온 후에도 그녀가 가나에서 경험했던 것들과 만났던 사람들을 결코 잊지 않았다. 에밀리는 대학에서 마케팅을 전공하고 부전공으로 의상 디자인을 전공하면서, 위험에 노출된 삶을 사는 서아프리카 여성들에게 옷 만드는 방법을 전수해 삶을 향상시킬 수 있는 큰 기회를 줄 생각을 했다. 에밀리는 그녀의 친한 친구 켈시와 파트너를 이루어 가나에 있는 유일하고 독창적인 아름다운 옷감들을 사용하여 여성 드레스를 창조적으로 디자인했다. 이 훌륭한 아이디어가 실천되었기에 아름다운 옷을 만들어 직업을 창출하였고, 서아프리카 여성들에게 힘을 주게 되었다. 에밀리는 흥분되고 영감을 주는 아이디어가 유통되었을 때 비로소 힘을 발휘할 수 있다는 것을 빠르게 깨닫게 되었다.

좋은 아이디어와 훌륭한 시작 그 사이 기간 동안 극도의 위험에 직면할 수도 있다. 많은 아이디어는 이 시기에 낙담과 의심을 경험하며, 자칫 신념을 잃어버리게 된다. 어떻게 우리는 좋은 생각으로부터 훌륭한 비즈니스를 시작할 수 있을까? 본 장은 창조적 사회 변혁의 목적과 함께 비즈니스를 시작하기 위한 토대를 세우는 방법을 다룰 것이다.

혁신의 절차

혁신은 당신이 똑같은 현상을 다른 사람과는 다르게 보며 다르게 생각할 때 일어날 수 있다 von Oech 2008. 성공적 사회적 기업가 정신을 위한 보증된 한 가지 절차가 있지 않으며, 사람들에 따라 다양한 성공의 길들이 있다. 그러나 상황과 상관없이 당신이 의존할 수 있는 한 가지 방법은 먼저 불확실성에 대한 검증의 기간을 거치는 것이다. 아이디어의 시작Genesis은 "사람에게 대답을 하는 것"보다 "질문을 먼저 하라" 원리에서부터 출발한다. 이것은 또한 이 시기에 하나님께 의지하는 기회를 잡으라는 의미이기도 하다.

혁신을 어려운 과학으로만 생각하는 대신에 예술적 형태로 간주할 수 있다. 아이디어를 내고 시작하기 이전인, 드러나지 않은 이 기간은 종종 창조성, 유연성 그리고 유희성을 발전시키는 시기이다. 로저 본 외흐 Roger Vo Oech의 저서 "생각의 혁명"(원제: Whack on the Side of the Head) 에서 외흐 박사는 다음 도표와 같이 '소프트 씽킹 Soft thinking과 '하드 씽킹' Hard thinking 의 차이점에 대해서 이야기하고 있다.

소프트 씽킹(초기)	하드 씽킹(후기)
은유적	논리적
꿈	이성
유머	정확함
애매함	일관성
놀이	일
대략	정확한
환상	현실
역설적	직설적
장황한	초점을 맞추는
직감	분석
일반화	구체화
어린이	어른

〈표 2〉 소프트 씽킹과 하드 씽킹

혁신을 위해 새로운 아이디어를 소개하는 사회적 기업가들은 종종 초기 단계에서 '소프트 씽킹'에 의존한다. 이후에 '하드 씽킹'은 결과적으로 상세한 비즈니스 계획을 만드는 것을 도와준다(다음 장에서 이 주제를 다룬다). 그러나 '소프트 씽킹'의 절차를 건너뛰고 '하드 씽킹'만 강요하는 것은 혁신적 절차를 방해하고 창의력과 상상력을 가로막는다. '소프트 씽킹'의 다른 용어는 '수평적 사고'Lateral Thinking, De Bono 1968 또는 '확산적 사고'Divergent Thinking라고 불리기도 한다. 한 특별한 문제에 대해 단 한 가지 완전한 대답을 찾는 대신에, '확산적 사고'는 여러 가지 올바른 대답을 찾기 위해 다양한 연합적 현상과 전망을 반영한다. 소프트(혹은 확산적) 씽킹을 가진 사람들은 아마 "한 개의 페이퍼 클립을 가지고 얼마나 많은 다른 방법으로 사용할 수 있을까?" 혹은 "고양이와 냉장고의 공통점은 무엇일까?"를 생각할 것이다. 이런 질문이 하찮게 보일 수도 있지만, 이 연습은 질문에 대답하기 위해 시간을 들이는 것이 중요한 기술임을 증명한다. 이 두 질문에서 연습을 통해 많은 다양한 답변을 얻을 수 있다. 예를 들면, 본 외흐는 고양이와 냉장고 둘 다 꼬리를 가지고 소리를 내며 물고기와 우유를 담기에 좋은 장소이고 다양한 색깔을 가졌다고 묘사한다. 사고를 이렇게 다양하게 하는 것은 사회적 기업가들이 사회 문제를 다룰 때 혁신적 절차를 고려하도록 돕는다. 소프트 씽킹으로 혁신적 절차를 시작하는 동안, 본 외흐는 혁신자들이 다양한 단계를 통해 좋은 아이디어로 좋은 시작을 행하기 위한 연결 절차를 실천하는 것을 관찰했고, 의미가 있는 과정임을 확신했다.

혁신적 단계들

혁신적 단계들은 순차적으로 일어날 필요는 없으며 본 외흐는 혁신적 해결을 만들기 위해 다음과 같은 접근 방법을 추천한다.

• 동기화하라. 하나님은 인간이 샬롬(평화) 안에 살기를 소망하신다. 그러나 인간의 죄 때문에 그것을 경험하는 것을 실패하곤 한다. 무엇이 미래를 위해 보다 좋은 방편이며 어떻게 하는 것이 인간을 위한 하나님의 계획하심인지 반영함으로써 동기화하라. 공동체에 가져올 변화들을 고려하며 어떻게 하면 그 환경에 발전할 수 있는 하나의 창을 만들 수 있는지 생각해 보라. 모든 문제가 기회를 만드는 것이라 가정하며, 이런 기회를 다루기 위해 어떻게 하나님이 당신에게 주신 특별한 은사들/능력들/네트워크들을 주셨는지 충분히 반영하라.

• 통찰력을 찾으라. 당신 스스로의 경험과 전문성을 가진 분야를 깊이 있게 찾아 보라. 그리고 나서 다른 연구 분야에서 오는 통찰력과 그것을 결합하라. 공동체 안에 있는 자산을 찾고 문제들을 단순히만 보지 말라. 예를 들면 에밀리는 아프리카 여성들을 위한 새로운 시장을 개척하기 위해 의류 디자인과 마케팅을 결합했으며 아프리카 여성들이 가지고 있던 자산들(아름다운 옷감, 바느질 기술 그리고 다른 사람들을 가르치는 능력)을 이용하였다. 종종 통찰력은 당신 주변의 작은 접점들 즉,

사람들과 대화 그리고 관찰을 통해서 만들어질 수 있다.

- 아이디어들을 다루어라. 질문함을 통해 가정할 수 있는 것들을 고려해 보라. 가정법 what-if 질문의 예를 들면, "우리가 이것을 행한다면 무슨 일이 일어날까?"라고 질문해 보라. 공통점이 없는 아이디어들을 함께 생각해 보기 위해서 명령형 동사들(예를 들면, 확대하라, 제거하라, 결합하라, 적응시키라, 또는 반대로 하라 등의 동사들)을 사용해 보라. 당신이 더이상 어떤 생각이 나지 않을 때 은유법은 새로운 통찰력을 만드는 수단이 될 수 있다.

- 생각들을 만들라. 문제로부터 생각을 만들라. 그리고 좋은 커피 원액을 추출하는 것처럼 아이디어들을 여과하여 만들도록 허용하라. 휴식하는 것을 허용하라. 그러면 새로운 생각들이 떠오를 수 있다. 사람들이 높은 창조성을 창출하기 위해 다양한 시간들을 고려할 때, 혁신을 위해 가장 효과적인 시간들은 다음과 같은 행위를 하는 시간일 수도 있다. 꿈에서, 운동 중, 묵상·기도, 오랜 시간 자동차 운전할 때, 샤워·목욕할 때, 늦은 밤 또는 이른 아침. 아이디어를 만들기 위해서 당신만의 창조적 장소를 만들고 거기서 머물라.

- 기회를 조명하라. 결과를 마음속에 그려 보기 시작하라. 당신이 이미 경험한 것들을 밑거름으로 삼으며, 당신 스스로에게, "미래에 무

엇이 좋은 결과를 만들 수 있을까?"라고 질문하라. 할 수 있다는 태도를 가져라. 혁신의 다수는 완고한 고집에서부터 온다. 많은 현대의 사회적 기업가는 좌절의 시기를 경험한다. 그러나 최종적 목적에 초점을 맞추고 지속적 고집을 유지해야 한다. 몇몇 사람은 그것을 '배짱'이라고 부른다.

• 제안들을 평가하라. 소프트 씽킹들이 발현되자마자, 사회적 기업가들은 하드 씽킹으로 옮기려고 시도한다. 멘토들이나 다른 이해관계자들의 충고는 큰 도움이 될 수 있다. 평가가 너무 일찍 이루어졌을 때 혁신적 절차를 방해할 수 있다. 다른 한편으로, 평가가 부족하면 결과적으로 활동을 억제한다. 사회적 기업가들이 정보를 평가할 때, 행동할 시간이 가까워진다. 때때로, 현대 사회적 기업가들이 작은 방법들 안에서 한 행위들이 결과적으로 예상하지 못한 큰 결과를 낳기도 한다.

• 가장 좋은 제안을 따르라. 실패를 두려워하지 마라. 만약 당신이 열심히 행했다면, 그것은 나중에라도 최선이 될 것이다. 많은 현대의 사회적 기업가는 실패한 것들이 나중에 성공의 발판이 되는 것을 경험했다. 20년 이상 사회적 기업가 정신과 혁신을 연구한 경영학 교수인 Amar Bhide는 "비즈니스는 모든 것이 미리 상세히 계획된 우주선 발사와 같은 것이 아니다… 기업가들은 아이디어를 찾고 끊임없는 추측, 분석 그리고 활동의 절차들을 통해 그들의 전략들을 발전시켜야 한다"

라고 말한다.

현대 사회적 기업가들

　성공한 사회적 기업가들의 충고와 그들의 성공을 위한 중요한 경험적 열쇠들을 모으기 위해서, 올랜도 리베라Orlando Rivera 와 나W. Jay Moon는 일곱 명의 현대 사회적 기업가를 만나 필드 연구를 했다. 그들의 사회적 배경들은 아메리카 인디언들의 정착지역들, 가나의 무슬림 도시, 캔터키의 가난한 탄광촌 그리고 뉴욕의 다운타운 지역이다. 이 모든 모델의 공통점은 지역 교회 사역과 이웃들을 위한 비즈니스를 결합하고 있다는 것이다. 우리는 그들의 비즈니스 사역에 참여하였고, 그들의 저서들을 읽었으며, 어떻게 그들이 좋은 아이디어로부터 좋은 시작으로 옮길 수 있었는지를 확인하기 위해 그들을 인터뷰했다. 여기서 성공적 사회적 기업가들로부터 수집된 일반적 관찰 결과를 보겠다.

　1) 초기 동기

　• 필요를 확인하라. 그들 모두는 부족하거나 발전이 필요한 영역을 찾았고 그것들이 변화되기를 원했다. 그들 대부분은 현상에 만족하지 않았으며 일부는 환경이 변화기를 소망하며 공동체가 바뀔 수 있도록

노력했다(지역사회의 젠트리피켄이션에 의한 도심 재활성화 같은 일).

• **하나님의 인도하심을 기다려라.** 그 사회적 기업가들은 하나님의 인도하심을 기다리기 위해 기꺼이 천천히 아이디어를 진행했고 기다림과 기도의 시간을 가졌다. 이 불확실성의 시기에 그들은 정말로 다음 단계로 무엇을 해야 할지 알지 못했다. 그들은 하나님께로부터 오는 확실한 부르심을 느꼈다(실행하기 위한 동기). 그러나 정확한 진행 단계를 분명히 알지 못했기 때문에 그들은 매일의 인도하심을 따르기 위해 하나님을 의지해야 했다.

• **다른 경험들을 수용하라.** 나의 연구의 모델에 의하면, 모든 사회적 기업가는 다른 문화에서 살았고, 기꺼이 새로운 장소로 이동하여 위험을 무릅쓰고 도전했다. 재정적 필요는 때때로 사회적 기업을 시작하는 초기 동기가 되었으며 특별히 몇몇 목회자는 외부 재정의 의존 없이 지역에서 그들 사역을 수행하는 방법을 찾았다. 그들의 다양한 문화 경험은 누그러지지 않는 문제들을 해결하기 위한 새롭고 신선한 접근 방법을 만들었다.

• **당신이 가지고 있는 것으로, 당신이 있는 곳에서 시작하라.** 모든 비즈니스는 작은 발걸음으로부터 소박하게 시작되었다(예: 쿠키를 만드는 것, 울타리를 자르는 것, 작은 건물을 짓는 것 또는 물고기를 파는 것). 그들은 비즈

니스를 위해서 그들의 흥미, 은사, 경험을 사용했다(예: 말타기, 집짓기, 또는 비즈니스 경험). 그들은 작은 것들에 충실하면 나중에 보다 큰 기회가 온다는 것을 경험했다.

2) 개인적 배경

• 믿음이 기초가 된다. 사회적 기업가들은 강하고 신실한 기독교 신앙을 가지고 있었다. 그들은 위험 관리자들이었으며(그냥 단순히 충동적인 도박꾼이 아니었다), 쉽게 단념하거나(처음의 실패에 단념하지 않았고, 이후에 교회나 공동체의 반대에도 포기하지 않았다), 완고하지 않았다(기꺼이 하나님의 인도하심을 기다렸다). 그리고 그들은 그들의 사회적 기업가 정신을 실행하기 이전에 사역을 통한 경험들을 고려했다.

• 우리에게 가장 가까운 것들이 가장 큰 이점이 된다. 사회적 기업가들 모두는 그들에게 도움을 줄 외부의 파트너와 협력관계를 갖고 있었다. 한 가지 놀라운 점은 대부분의 사회적 기업가들은 비즈니스 경험을 갖고 있는 배우자를 두고 있다는 점이었다. 몇몇 사회적 기업가들은 매일 비즈니스를 위해 경영, 재무, 또는 회계 같은 분야에서 어떻게 그들이 그들의 배우자에게 의존하는지를 설명했다. 사회적 기업가들은 재정 또한 일반적 도움을 받기 위해, 긴밀한 친구, 가족, 동료, 교인 그리고 보다 확대된 교회 네트워크와 협력하였다. 크라운 미니스트

리Crown Ministry의 설립자인 하워드 데이튼Howard Dayton은 단호하게 비즈니스를 시작하려고 생각 중인 사람은 반드시 멘토를 찾아야만 한다고 말한다. 그는 "당신이 멘토를 보내달라고 하나님께 기도하는 것은 선택이 아니라 필수다. 이것은 성공과 실패를 가른다"라고 말한다Dayton. 더블린 공대의 사회적 기업가 정신 교수인 Thomas Cooney은 성공적인 기업가들에 대해 연구했고, "가장 큰 기업가 정신의 미신 중에 하나는 기업가를 외로운 영웅으로 여기는 것인데… 사실 현실의 성공적 기업가들은 팀을 잘 꾸리거나 철저하게 팀의 일원이 된다"는 연구 결과를 얻었다.

3) 공동체 변화

• **긍정적 변화는 관계를 회복한다.** 비즈니스는 모두 결과적으로 사회적 자본, 공동체 리더들, 일반적 사람들과의 우호를 증진시킨다. 몇몇 예에서 비즈니스는 이전에 존재한 교회와 공동체 사이의 불신을 경감시키고 신뢰를 창출했다. 왜냐하면 비즈니스는 지역 사람들을 위해 일자리를 창출했고, 종종 사역을 돕기 위해서, 상호 이익을 위해, 부가 수익을 사용했기 때문이다. 이는 새로운 협력관계로 이어졌다.

• **점심 식사를 준비하라.** 몇몇 비즈니스는 서로 상호 관계가 없던 사람들을 만나는 채널이 되었다(카우보이와 인디언이 함께 식사하는 것과 같다).

사회적 기업가 정신은 사회 변혁 과정에 참석하기 위해 주변에 사는 다양한 사람과 관계적 다리를 놓는 역할을 담당했다. 예를 들면, 사회적 기업가들은 주변의 교회를 찾아가 그들을 도왔다.

4) 사역의 결과

• 사역을 성장시키기 위해 비즈니스를 사용하라. 몇몇 비즈니스는 새로운 교회 개척자들의 사례비를 만들어냈다. 또한 지역 교회들이 성장하는 것을 도왔으며, 이를 함께 논의하기 위해 다른 교회들과의 협력을 이끌었다. 특별히 교회에 부정적인 지역들에서(무슬림 지역과 같은) 교회가 공동체에 이익을 주는 곳이라는 인식을 가질 수 있도록 도왔다. 이 비즈니스들은 목회자들이 사회에서 보다 넓은 영향력 있는 네트워크(은행원, 시의원, 시장, 지역 유지와 같은)와 관계를 맺을 수 있도록 도왔다. 비즈니스는 목회자들이 외부의 도움에 의존하지 않고 스스로 사역을 지원할 수 있게 도왔다. 한 목회자는 어떻게 그가 지금 자유롭게 사역하며 목소리를 낼 수 있고 외부의 간섭 없이 소신 있게 사역할 수 있는지에 대해 언급했다. 이것은 특별히 타 문화 사역을 위해서 중요하다.

타 문화에서 변화

사회적 기업가들은 종종 다른 여러 가지 복잡한 문제들이 발생할 수 있는 타 문화 상황에서 사회적 문제들을 다룬다. 다른 문화에서는 부정적인 것을 발견하기 쉽고 당신은 그것을 바꾸기를 소망한다. 그러나 실제로 얼마나 많은 사람이 그 부정적인 것을 고칠 수 있을까? 타 문화에서 사회 변혁은 쉽지 않거나 매우 느리다. 그리고 사회적 기업가들이 그 변화가 어떻게 일어나는지 이해하는 것은 중요하다.

인류학자인 에버렛 로저스Everett Rogers, 2003는 그의 오래된 저서인 "개혁의 확산"Diffusion of Innovations에서 문화 안에서 변혁의 절차를 연구했다. 로저스는 문화 변혁은 항상 일어나는 것이나, 그것은 일반적으로 사회의 주변부에서 시작되는 것을 관찰했다. 사람들은 종종 변혁은 권력의 중심(예를 들면 회장, CEO 또는 목사)에서 시작된다고 가정한다. 그러나 권력의 중심에 있는 사람들의 문제는 때때로 개혁을 실패하면 많은 것을 잃는다는 것이다. 그것은 그들의 신뢰, 지위, 수입 그리고 그들의 직장까지도 타격을 줄 수 있는 위험성이 있다. 결과적으로 권력의 중심에 있는 사람들은 변혁을 최소화하기 위해 종종 보수적인 태도를 유지한다. 로저스는 사회 안에서 현실적 변혁은 주변부에 있는 사람들로부터 시작되는 것을 관찰했다. 역사는 부와 권력이 없는 사람들이 종종 세상을 다르게 만드는 변화 촉진자Change Agent가 되는 것을 보여 준다.

변화 촉진자

변화 촉진자는 종종 사회의 주변부에 있는 사람들이고 두 문화 사이를 맴도는 자들이다. 로저스는 "변화 촉진자는 두 세계 사이에서 한 발로 서있는 주변부에 있는 인물이다"(2003, 336)라고 언급한다. 변화 촉진자는 그 두 문화를 깊이 이해하며 열정을 갖고 발전시키기 위해 노력한다. 그러므로 그들은 한 문화만을 강조하는 민족중심주의 Ethnocentrism의 맹목성에 갇혀 있지만은 않는다.

예를 들면, 이 장을 시작할 때 언급한 예인 선교사 자녀인 에밀리는 한 명의 변화 촉진자가 되기 위한 아주 훌륭한 배경을 가진 사람이다. 먼 서아프리카에서 9년 동안 살았던 경험을 통해 그녀는 아프리카 여인들이 어떻게 살며, 매일매일 어떻게 투쟁하는지 봐 왔다. 또한 에밀리는 그녀들이 열심히 일하는 특징, 개인적인 능력 그리고 특별히 축제의 날에 가나 여인들이 아름답게 짠 옷을 관찰했다. 에밀리는 그녀의 마음에 아이디어가 떠오르기 이전에, 학교를 다니기 위해 미국에 돌아와서 10여 년간 미국 문화에 푹 빠져 있었다. 두 문화의 깊은 참여와 이해는 두 문화 간에 효과적으로 균형을 잡기 위한 필수적 요소다. 변화 촉진자들이 두 문화에서 살면서 얻은 깊이 있는 통찰력은 두 문화 사이에서 계속적 완충장치를 만들고 한 문화권에서 발견될 수 없는 내부적 중간지대Limbo를 만든다. 이 긴장 관계는 변혁을 추구하며 두 문화로부터 아이디어들을 연결하기 위한 변화 촉진자들에게 다양한 기회를 제공한다. 타 문화 경험을 위한 기회들은 미국 내에서도 많이 가질 수 있는데, 예를 들면 캔터키주 시골에서 캔터키주 도시인 렉싱턴Lexington(역자 주: 렉싱턴은 미국 캔터키주에서 두 번째 큰 도시)으로 이동하며 다양한 경험을 할 수 있다.

다양한 문화적 배경에서, 인류학자이며 선교학자인 찰스 크레프트Charles Kraft는 다음과 같은 변화 촉진자의 공통된 특징을 발견한다 Charles Kraft 1996, 338.

- 존경받거나, 또는 유명해진다.
- 진실하고 성실하다.
- 열정적이며, 적극적이다(만약 필요하다면, 그들은 기꺼이 많은 일을 하며 고생도 감수한다).
- 결정권을 가진 리더들에게 영향을 미칠 수 있다.
- 긴 기간 접촉(접근)한다.
- 우정으로 접근한다.

잠재적 사회적 기업가는 위의 특징들을 고려해야 한다. 한 사람이 이 모든 특징적 요소들을 갖는다는 것은 일반적이지 않은 것이다. 변화 촉진자는 이러한 여러 특징들을 보완하기 위해서 파트너들(배우자, 친구들, 또는 가족들)과 함께 일한다. 변화 촉진자들은 전략적 개인 그리고 특별한 내부 혁신자Inside Innovators와 파트너십을 만들어야 한다.

내부 혁신자

로저스는 변화 촉진자가 제한적 역할을 가진다는 것을 발견했다. 변화 촉진자는 종종 새로운 아이디어 또는 개념의 촉진자(장려자) 역할을 담당한다. 그러나 그들은 문화 내부에서 아이디어를 혁신하고 적응시키는 사람들을 필요로 한다. 예를 들면, 에밀리가 아프리카 여인들에게 아이디어를 소개할 때, 아프리카 문화 내부의 혁신자들이 그들의 지역적 환경Context에 적당하게 이 아이디어에 적응시키는 것이 필요했다. 큰 뜻을 품은 사회적 기업가는 내부 혁신자를 알아차려야 한다. 변화 촉진자의 역할은 그들의 아이디어를 전달하기 위해 문화적 내부자가 그들의 개념을 혁신하고 적응시키도록 돕는 것이다.

에밀리는 그녀의 아이디어를 소개하기 위해 서아프리카 가나로 돌아갔다. 그리고 그녀와 그녀의 가족이 이전에 만든 관계들을 통해서, 에밀리는 재봉 기술이 있는 두 명의 여성 재봉사를 만났고 그녀들은 기꺼이 가나의 문화 안에서 에밀리의 아이디어가 적응되도록 노력하였다. 에밀리는 이들에게 재봉틀을 공급했고, 그 재봉사들은 그 재봉틀을 사용해서 이십 벌의 옷을 생산했다.

올바른 혁신자를 찾는 것은 성공을 위한 중요한 요소이다. 올바른 혁신자를 찾기 위한 방법을 보여 주기 위해서, 크레프트(1996)는 다음과 같은 특징을 제시했다.

- 변화의 필요를 느끼는 사람
- 변화를 시작하는 사람
- 변화를 추구하기에 자유로운 사람
- 변화가 가능하며 타당하다고 믿는 사람
- 개인적으로 얻는 것을 소망하는 사람(예를 들면, 경제적으로, 영적으로 얻기를 원하거나 사회적 명성 또는 권력을 원하는 사람)
- 학식이 있는 사람(아이디어를 사람들에게 소개할 수 있는 사람)

사회적 기업가는 혁신자들과 함께 일하는 것이 변혁 절차에 열쇠라고 깨닫는다. 그러므로 그들은 위의 기준에 충족되는 사람들을 만나기 위해 그들의 시간을 기꺼이 들인다. 혁신자들에 대한 한 가지 더 다른 중요한 내용 중에서 로저스는 초기 수용자 Early Adopters를 찾는 것이 혁신 절차에 열쇠라고 믿는다.

초기 수용자

초기 수용자는 사회 안에 다른 사람들과는 똑같지 않은 사람이다. 다수의 미국 여성들이 기꺼이 새로운 패션을 실험하지 않을 때, 적은 비율의 여인들이(로저스는 인구의 약 13.5퍼센트가 초기 수용자들이라 보았다) 기꺼이 위험을 감수하며 새로운 아이디어를 채용한다. 이 사람들은 혁신 절차에서 중요하다. 변화 촉진자의 역할은 초기 수용자들을 찾아내고, 그들에게 힘을 실어 주는 것이다.

미국 문화에서 에밀리는 브랜드를 만들고 그 옷들을 시장에서 팔기 시작했다. 그녀는 미국 여성들이 확인할 수 있는 웹사이트뿐 아니라 소셜미디어를 만들어야 한다고 생각했다. 에밀리는 지금 공공장소에서 다른 사람들에게 보이기 위해 그녀의 옷을 입을 젊은 미국 여성들을 찾고 있는 중이다. 사람들이 초기 수용자들이 한 것을 좋게 본다면, 이 아이디어는 유행하게 될 것이다. 로저스의 모델은 만약에 이 새로운 혁신이 좋은 것이라면, 후기 수용자$^{Late\ Adopters}$도 이것을 함께 누릴 것이라고 예상했다. 결과적으로 그 아이디어는 힘(기세)을 얻는다. 그리고 변혁은 힘의 중심으로 향하게 된다. 아마도 어느날 미국의 영부인이 에밀리의 옷을 입을 것이다! 이 절차는 일반적으로 중심이 아니라 주변부에서 시작된다. 이 절차를 이해하고 실행할 줄 아는 사회적 기업가는 스스로 성공하는 길을 찾을 수 있다.

결론

예비 조사(타당성 조사)를 위해 에밀리가 가나에 방문한 후, 그녀의 남동생은 재원 마련을 위해 애즈베리 프로젝트$^{Asbury\ Project}$ 비즈니스 아이디어 공모전에서 "가나 여인들이 만든 옷을 팔기 위한 프로젝트"를 발표했다. 그리고 그 프로젝트는 애즈베리 프로젝트에서 수상작으로 채택되었다. 초기 상금은 처음 만들어진 옷을 주문하기 위한 재정으로 사용됐고, 지금은 www.bygracedesigns.org에서 그 옷들을 팔고 있다. 에밀리는 아직도 그녀의 꿈을 위해 진행 중이다.

사회적 기업가를 위한 보증된 성공 만능열쇠는 없으며, 다만 몇 가지 이론은 사회적 기업가들이 좋은 아이디어로부터 좋은 시작을 하도록 돕기 위한 것일 뿐이다. 다음 장은 상세한 예를 통해 '비즈니스 계획서'를 발전시키는 데 당신에게 도움을 줄 것이다. 다음 장으로 넘어가기 전에 소프트 씽킹을 하기 위해서 시간을 보내라. 필요는 발명의 어머니이며, 발명의 아버지는 실천이다 von Oech 2003!

Q1 당신이 창조적 아이디어를 가진 순간을 생각해 보세요. 당신에게 가장 좋은 창조적 공간(영역)은 어디이며 언제였나요? 그 영역에서 창조적 아이디어를 만들기 위해 생각해 보시고, 당신 스스로 지속적으로 실천해 보세요.

Q2 창조적 생각을 하기 위해 소프트 씽킹 실천해 보세요. 당신은 당신의 문제를 비유로 설명할 수 있습니까? 그 문제를 상상해 보고, 생각해 보고, 직감적으로 숙고해 보세요. 당신이 떠올린 사회 문제를 해결하기 위한 아이디어는 무엇입니까?

Q3 이 장에서 다룬 현대 사회적 기업가들에 대한 경험을 생각해 보세요. 하나님이 당신의 삶에서 행하신 방법과 연결하여 스스로의 경험을 나누어 보세요. 그 경험으로부터 배운 것은 무엇입니까?

Q4 당신이 다루는 문제는 무엇이며, 당신이 선한 영향력을 주려는 대상에게 이미 존재하는 문화적 장점은 무엇입니까? 그 문제에서 당신이 모든 것을 하려는 것을 내려놓고, 그 문화 안에서 이미 주신 하나님의 선행 은총Prevenient Grace의 증거를 찾아 보세요. 나아가 '강점 기반 조직개발'Appreciative Inquiry을 강구해 보세요Hammond 2013.

- Bhide, Amar. 1999. "How Entrepreneurs Craft Strategies That Work." In Harvard Business Review on Entrepreneurship: 55-88. Boston, MA: Havard Buiness School Publishing.

- Cooney, Thomas M. 2005. "Editorial: What Is an Entrepreneurial Team?" International Small Business Jornal 23 (3): 226-35.

- Dayton, Howard. 2014. *Business God's Way*. Orlando, FL: Compass.

- De Bono, Edward. 1968. *New Think: The Use of Lateral Thinking in the Generation of New Ideas*. New York: Basic Books.

- Elmer-DeWitt, Philip. 2011. "Steve Jobs: The Parable of the Stones." Fortune, November 11. http://fortune.com/2011/11/11/steve-jobs-the-parable-of-the-stones/Hammond, Sue Annis. 2013. *The Thin Book of Appreciative Inquiry*. Third Edition. Thin Book Series. Bend, OR: Thin Book Publishing.

- Kraft, Charles H. 1996. *Anthropology for Chrisitian Witness*. Maryknoll, New   York: Orbis.

- Rogers, Everett M. 2003. *Diffusion of Innovations*. Fifth edition. NY: Free Press.

- Von Oech, Roger. 2008. *A Whack on the Side of the Head: How You Can Be More Creative*. Lebannon, IN: Grand Central Publishiing.

사회적 기업가를 위한 보증된 성공 만능열쇠는 없으며,
다만 몇 가지 이론은 사회적 기업가가
좋은 아이디어로부터 좋은 시작을 하도록
돕기 위한 것일 뿐이다.

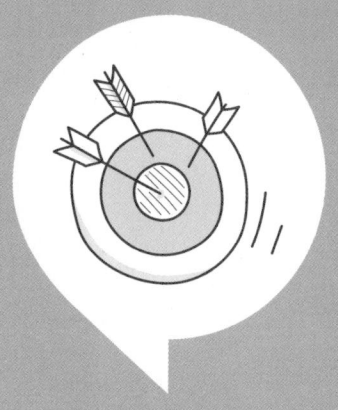

사회적 기업가 정신을 시작하기 위한 비즈니스 계획서 쓰는 방법

데이빗 보쉬 David Bosch, 케빈 브라운 Kevin Brown, 마트 길 Mark Gill

문제의 시작

질문이 있다. 키바 마이크로 파이넌스^{Kiva Microfinance} 설립자인 맷과 제시카 프렌너리^{Matt and Jessica Flannery} 부부와 먹기 대회에서 10분에 핫도그 69개를 먹어 치우는 고바야시 다케루와의 공통점은 무엇인가?

처음 우리가 이 질문을 생각할 때, 이 두 대상의 공통점은 거의 없는 것처럼 생각할지도 모른다. 그러나 이 둘은 '사회적 기업가 정신'을 가지고 있는 예로 고려될 수 있다. 첫 번째 공통점은 이 둘은 발전을 위해서 문제점을 찾았다는 것이다. 프렌너리 부부는 개발도상국의 해묵은 빈곤 문제를 확인했고, 고바야시는 핫도그를 빨리 먹기 위해 바^{bar}를 옮겨야 한다는 것을 알아 냈다. 둘째, 이 둘은 문제의 본질을 재정립했다. 고바야시는 "내가 어떻게 더 많은 핫도그를 먹을 수 있을까?"라는 질문을 멈추고, "어떻게 하면 내가 이 핫도그들을 빨리 먹기 위해서 보다 환경을 용이하게 만들 수 있을까?"라는 새로운 질문을 했다^{Levitt and Dubner 2014}. 비슷하게, 프렌너리 부부는 빈곤이 가난한 사람들의 무능력 때문이기보다는 금융 시장에 그들이 접근하기가 어렵기 때문에 발생하는 것이라 생각했다. 마침내 그 문제를 확인하고 문제의 본질을 재정립한 후, 프렌너리 부부는 실행에 옮겼다. 프렌너리 부부의 경우는 소액 대출^{Micro Lending} 사업을 시작했고 고바야시 경우는 혁신을 실천하며 많은 핫도그를 먹기 위해서 (많은 양의 칼로리로) 고통스럽지만, 조직적으로 핫도그 먹기를 실천에 옮겼다.

의심할 것 없이 실행은 처음 문제를 인지하지 않고 실천할 수 없다. '기업가 정신 사고'는 시장에서 창조적으로 문제, 차이, 제한이 있다는 것을 고려해서 사고하는 것을 뜻한다. 기업가들은 다른 사람이 생각하지 못하는 곳에서 기회를 발견한다. 이것은 그들이 사회적 문제에 관심이 있다는 것을 의미한다. 특별히 기독교인은 사회에서 소외받는 사람들을 향해 눈을 돌리라고 부르심을 받았다. "너희가 짐을 서로 지라 그리하여 그리스도의 법을 성취하라"(갈 6:2).

우리가 알고 있듯이 냉정한 머리와 사회를 보는 따뜻한 가슴의 연합은 사회적 기업가 정신의 핵심이다. 그러나 당신에게 실행을 위한 계획된 전략이 없다면, 문제를 확인하고 난 뒤 혁신적 해결을 위한 노력이 퇴색된다. 그래서 새로운 회사를 시작하기 위해 '비즈니스 계획서'를 써야 한다. 기업가인 가이 가와사키^{Guy Kawasaki}는 '비즈니스 계획서'의 가치에 대해서 다음과 같이 말한다. "늦은 밤, 편지지 뒤에 써 놓은 생각들은 종이에 써놓은 뒤에야 비로소 세상을 변화시키기 위한 로맨틱한 의도를 가진 만질 수 있고, 논의 할 수 있는 생각들이 된다. 그러므로 그 문서 자체는 문서를 실행하는 절차만큼 중요한 것이다. 그래서 비록 당신이 재정을 모으지 않더라도, 계획서를 써야만 한다."Kawasaki 2004, 68.

우리 모두는 "신중히 결정한 다수의 결정일지라도, 종종 일이 뒤틀려 실패할 수 있다"(역자 주-속담: The best laid plans of mice and men often go awry)라는 것을 안다. 이 속담처럼, "계획을 실패하는 것은 실패하는 계획을 한 것이다"라는 표현도 알고 있다. 성공적 비즈니스를 위해서는 항상 기회, 소비자 그리고 잠재적 수익을 인지해야 한다. 이 모든 영역은 계획서에 심사숙고하게 반영, 분석 그리고 고려된다. 다른 말로 성공과 실패는 초기 비즈니스 계획서에서 갈리게 된다!

인터넷으로 '비즈니스 계획서'를 찾아보면 다양한 형태의 계획서 모형이 있으며(상세한 내용은 Small Business Administration 웹사이트 또는 entrepreneur.com을 보라), 모든 것은 아니지만 대부분의 예에서 공통점을 발견할 수 있다. 이 장의 목적은 독자들에게 비즈니스 계획서 구성요소와 각각의 내용을 소개하는 데 있다. 앞에서 언급했듯이, 원안들이 확실한 결과물들을 만들지 못할 수 있다는 것을 기억하라. 예를 들면, 좋은 원안이 좋은 아이디어를 만들 수 없다. 그것이 분명히 내용과 연결되는 것은 아니다. 게다가 원안들이 당신의 아이디어로 자금을 모금할 수 있도록 신뢰 또는 확실한 보증을 할 수 있는 것도 아니다. 그러나 당신이 이런 모든 경우를(혹은 내용을) 비즈니스 계획서에 다룬다면(다음에서 분명하게 묘사하고 포괄적 태도로 다룬 것처럼), 우리는 비즈니스의 긴 기간 성공을 위한 가장 좋은 방법을 찾을 수 있다. 사회적 문제와 간격 (빈곤, 건강, 또는 일자리 창출 같은)을 다루기 위해서, 비즈니스 계획서는 단지 중요한 것이 아니라, 필수적인 것이다.

파트 1: 핵심요약보고서 Executive Summary

모든 비즈니스 계획서는 핵심요약보고서로부터 시작된다. 이것은 전체 비즈니스 계획의 포괄적 개관을 설명한다. 종종 핵심요약보고서는 비즈니스 계획서의 첫 번째 부분에서 쓰이지만, 다른 보고자들은 그것을 마지막에 쓰기도 한다(계획서를 요약하면서). 핵심요약보고서의 중요한 열쇠는 다루어야 할 문제 또는 근본적 필요와의 관계를 담고 있다는 데 있다. 다른 말로, 핵심요약보고서는 얻을수 있는 기회(혹은 이익)의 핵심을 묘사하는 데 있다. 무슨 기회를 창출할 수 있으며, 기회의 시간과 크기는 어떻게 되는가를 생각해 보는 것이다. 예를 들면, 도시로부터 멀리 떨어진 한 마을은 원시적 환경 때문에 물을 깨끗하게 만드는 시설들을 갖추지 못했을 것이다. 이런 환경은 분명히 건강, 사회구조 그리고 미래의 마을 번영을 위한 요소들과 관련해서 문제가 발생할 수 있다.

얻을 수 있는 기회의 분명한 표현은 이 기회를 이용하기 위해 당신이 제공하는 생산물 또는 서비스를 효과적으로 공유하기 위해 중요하다. 예를 들면 깨끗한 물을 얻지 못한 문제가 한 특정 마을의 과거부터 계속된 문제였다면, 당신은 아마도 세정제, 혁신적 우물 만들기 또는 비염류화 적용 기술을 해결책으로 내놓아야 한다.

핵심요약보고서는 독자에게 비즈니스 계획서의 일반적 서술을 보여 주며(그러나 이것은 길지 않다), 당신의 생산물 또는 서비스에 대해 분명하게 제시해 주며, 나아가 어떻게 그것이 본질적 기회와 관계가 있는지를 나타낸다. 핵심요약보고서는 잠재적 투자자들에게 '엘리베이터 피치'(역자 주: Elevator Pitch 엘리베이터를 타고 내리기 전의 짧은 시간에 투자 설명을 하는 것)로 고려된다. 다른 말로, 이 보고서는 당신이 당신의 아이디어를 설명할 시간이 엘리베이터를 타는 시간밖에 없을 때, 당신의 비즈니스를 최대한 간단하고 명확하게 설명하기 위해 준비하는 것을 말한다.

파트 2: 산업

모든 산업은 각기 다른 점이 있다. 식료품점의 세일즈는 보험회사에서 행해지는 세일즈와는 많이 다를 것이다. 당신이 행하는 생산, 서비스, 제조 그리고 마케팅은 해당 산업의 본질에 관계가 있다. 그러므로, 산업에 관계된 것을 살펴보는 것이 매우 중요하다. 일반적으로 이 섹션은 산업의 본질에 관계되는 정보를 포함한다. 이것은 산업의 크기(달러), 산업 안에서 연간 성장률, 중요한 트렌드(예를 들면, 비용, 가격, 신제품

개발 또는 계절 특성), 성공 요소 그리고 표준 재무비율을 담고 있다. 산업들은 지역 또는 국제적이거나, 크거나 또는 작거나, 새롭거나 또한 이미 존재하고 있거나 할 수 있다. 이 부분의 중요한 핵심은 당신이 비즈니스를 하기 위한 환경을 분명히 이해하고 있는지 보여 주는 것이다.

파트 3: 회사, 생산물, 서비스

여러분의 비즈니스가 이미 존재하고 있었다면, 이 파트에서 여러분은 독자에게 간단한 조직(혹은 회사)의 역사를 알려 줘야 한다. 덧붙여서 새로운 그리고 존재하고 있는 조직들을 위해 여러분 조직의 미션, 비전 그리고 가치를 설명해야 한다. 이것은 현재 비즈니스 개념을 설명하는 것을 넘어서 잠재적 투자자에게 조직의 깊이 있는 이해를 위한 도움을 줄 수 있다.

당신의 비즈니스 개념에서 본질은 무엇인가? 이것은 중요한 질문이며, 그 질문에 대한 대답은 궁극적으로 당신의 회사에서 생산하고 시장에서 거래하는 생산물 또는 서비스를 결정한다. 이 질문에 대해 "그러므로, 우리는 _____을 제공한다"라고 답변할 수 있다.

예를 들면, 당신의 서비스는 직업 훈련 프로그램을 제공하는 것이라고 가정해 보자. 그러면 당신은 그 프로그램을 설명할 것이고 당신이 이미 확인한 기회의 본질(얻을 수 있는 이익)을 위해 어떻게 그 프로그램이 적합한가를 묘사할 것이다. 만약에 직업 훈련이 당신의 서비스라면, 어떻게 당신은 시작할 것인가? 다른 말로, 당신은 어떻게 시장에 접근할 것인가? 더 나아가 육 개월 후? 일 년 후? 오 년 후 당신의 비전은 무엇인가에 대한 질문의 대답을 제시해야 할 것이다.

이 파트에서 시장 접근을 위한 밑그림을 그릴 필요는 없다(그것은 다음 파트에서 다룰 것이다). 그러나 독자에게 비즈니스에서 당신이 누구인가를 분명하게 독자에게 알리는 것이 필요하다. 다른 말로, 당신의 정체성과 각각의 비즈니스 개념을 보여 주어야 한다.

파트 4: 경쟁적 우위, 시장 연구 그리고 분석

당신은 당신이 얻을 수 있는 구체적 기회가 무엇인지 설명하며, 당신이 어떤 생산물과 서비스를 공급할 수 있는지 언급해야 한다. 그것은 당신을 특별하게(유일하게) 만들 수 있는 '경쟁적 우위'를 강조하기 위해 중요하다. 몇몇 사람은 이것을 '불공평한 우위'로 묘사하기도 한다. 예를 들면, 비즈니스를 시작하거나 준비하는 많은 사람들은 레스토랑, 커피 생산 또는 그들의 수제품 가게들을 시작하려고 노력한다. 그러나 이 일을 시작한다는 하나만으로 그들을 유일하게 만든다고 볼 수는 없다. 그러므로 두 가지 행위들, 즉 당신의 '경쟁적 우위'를 이해하는 것, 그리고 그것을 설명하는 것은 매우 중요하다.

여기 이 섹션은 중요한 부분으로서, 당신의 시장 연구를 위한 구체적이고 상세한 내용을 다룰 것이다. 시장 연구는 전체적 비즈니스 계획서를 준비하기 위한 부분에서 가장 어려운 섹션 중 하나다. 그 이유는 무엇일까? 왜냐하면 이 부분에서 당신이 "소비자들을 어떻게 이해하는가"를 보여 주기 때문이다. 비즈니스 계획서는 본질적으로 '예측서'(미리 내다보는 것)이다. 마케팅 섹션은 사실 당신이 예측하는 숫자와 수치를 입증하기 위해 적당한 장소다.

좋은 마케팅 섹션은 시장 그 자체, 크기, 소비자 그리고 전체적 시장 잠재성을 설명할 것이다. 그것은 시장 세분화Market Segmentation 또는 "어떻게 시장이 흥미있고, 적절한 소비자들의 구체인 그룹으로 분화할 수 있는가?"를 토의한다(인구통계, 사이코그래픽스[Psychographics 소비자의 개성, 태도, 삶의 방식 등 행동을 결정하는 심리학적인 기준에 따라 고객군을 세분화하는 기법], 정보들 또는 생산보급 비율 등 모든 것이 사용된다). 세분화는 중요하다. 왜냐하면 이것을 통해 우리는 가장 큰 판매 잠재력을 시장에서 확인할 수 있기 때문이다. 예를 들면, 미니밴은 넓게는 모든 사람이 판매 대상이지만, 가장 큰 판매 잠재력은 아이를 가진 가족이 가지고 있다.

또한 시장 연구는 시장에 영향을 미치는 힘을 이해하는 것을 포함한다. 이것은 경제, 임금, 정책, 법률 그리고 회사의 다른 외부적 영향을 미칠 요소들을 포함한다. 더 나아가 여러분이 시장을 이해한다는 것은 여러분의 소비자를 이해한다는 것 또는 경쟁자를 분석하는 것을 의미한다. 여러분의 직접적 경쟁자는 누구인가? 누가 당신의 잠재적 경쟁자인가? 시장에 상품이 과잉 공급되었는가? 또는 시장이 열려 있는가? 시장이 열려 있다면, 미래에 상품이 과잉 공급될 가능성은 없는가(즉, 당신의 생산물 또는 서비스가 쉽게 복제될 가능성은 없는가)? 당신의 경쟁자가 당신이 줄 수 없는 무엇인가를 제공할 수 있는가? 반대로, 당신이 경쟁자와는 다른 것 또는 특별한 것은 무엇인가? 어떻게 당신은 질, 가격, 실행, 배달, 타이밍, 서비스 또는 보증서와 관련하여 당신의 경쟁자들과 비교할 수 있는가? 등의 질문을 이 부분에서 다루어야 한다.

파트 5: 비즈니스의 경제학

이번 섹션에서는 비즈니스 경제학을 다룬다. 좋은 비즈니스 계획서는 비즈니스의 실질적 비용을 알아야 한다. 고정 비용은 회사가 생산물을 팔든지 팔지 않던지 지불해야 할 부분이다. 이것은 아마도 공과금, 주택담보대출금, 보험 또는 인허가 비용 같은 것이 포함된다. 또한 다양한 비용은 여러분의 판매량에 따라 변동될 수 있다. 수수료, 생산을 위해 사용한 원료들에 대한 직접 비용, 또는 수송비 등이 여기에 포함된다. 다량의 고정 비용 또는 가변비용이 발생한다면 그것들 사이에서 조율하는 것이 중요하다. 예를 들어, 비용들의 대부분이 고정되어 있다면, 확실히 판매량을 높이는 것이 회사를 유지하기 위해 중요하다.

덧붙여서 비용의 본질을 이해하기 하기 위해 생산 또는 서비스와 관련된 마진을 알아야 좋은 계획서를 쓸 수 있다. 이는 다른 말로, 생산물 또는 서비스를 생산하기 위해 당신이 쓴 비용이 얼마이고 그 비용을 고려해 수익을 위해 얼마에 그것을 파는가를 의미한다. 비용과 판 수익 사이의 차이를 마진으로 이해한다. 다른 요소들 중에서, 이 섹션은 "회사가 수익을 어떻게 낼 것인가?"를 상세히 언급한다(초과 수입금). 종종 비즈니스 계획서에서 이 섹션을 분석하고 기록할 때, 회사들은 그들의 비즈니스 모델이 재정적으로 실행 가능하지 않다는 것을 깨닫곤 한다.

이 섹션은 전체 비즈니스 계획서에서 보다 중요한 것들 중에 하나(손익분기점에 대한 것이다)를 다룬다. 이것은 당신의 수입과 지출들을 고려한 손익분기Break-Even를 다룬다. 예를 들면, 당신이 구슬로 만든 목걸이를 특별한 지역에 판다면, 상품 생산을 위해 들어가는 비용(지출)을 충당하기 위해서 얼마나 많은 상품을 팔아야 하는가? 이 상품 수를 결정하는 공식은 다음과 같다.

손익분기점 = 고정 비용/(상품당 가격 - 상품당 가변 비용)

그래서 우리는 비즈니스를 운영하기 위해서 고정 비용을 고려해서 매해 5,000달러의 목걸이를 팔아야 한다는 것을 예측할 수 있다. 더 나아가 상품당 목걸이의 가격은 10달러이고, 가변 비용은 4달러라는 것을 예측한다. 목걸이의 손익분기점을 분석하면 다음과 같다. 5,000 달러/(10달러-4달러)로 상품 약 834개이다. 즉, 우리는 비즈니스를 운영하기 위한 전체 비용과 동일한 비즈니스 수입을 얻기 위해 일 년에 대략적으로 834개(한 달에 약 70개)의 목걸이를 팔아야 한다.

파트 6: 시장 계획

비즈니스 계획서 안에서 시장 계획 섹션은 경쟁적 분석, 시장 연구 섹션(파트 4에서 언급했다)과는 다르다. 특별히 이 섹션은 실제 마케팅 전략과 결합되어야 한다. 어떻게 여러분의 구체적 시장 목표물에 접근할 것인가? 즉, 어떻게 소비자가 여러분의 생산물과 서비스를 알 수 있을까? 이 섹션에서, 여러분은 대략적 예상 그리고 광고 비용들에 대한 계획을 보여 주어야 할 것이고, 어떻게 이 비용이 발생하는지를 토의해야 할 것이다.

이 섹션은 당신의 생산물 또는 서비스에 관련하여 비즈니스 계획서 중에 가장 중요한 부분 중에 하나를 다룬다. 그것은 가격이다! 여러분이 여기서 여러분의 가격을 공유할 뿐 아니라, 여러분의 가격전략 Pricing Strategy을 공유하기를 소망해야 할 것이다. 가격전략은 여러분의 비즈니스 목적에 따라 다양할 것이다. 여러분이 새로운 시장을 개척하는 것을 시도할 것인가? 수익을 최대한 창출할 것인가? 새로운 시장에 브랜드를 진입시킬 것인가? 이러한 질문들에 대한 대답이 여러분의 가격전략을 결정할 것이다. 구체적 전략들은 다음과 같다: 고가 정책 Skimming Pricing, 침투 가격전략 Penetration Pricing, 동등 가격전략 Parity Pricing, 연동 가격전략 Sliding Price Strategy, 단수 가격결정전략 Odd Pricing, 고객유인 가격전략 Leader Pricing, 가격 단계 전략 Price Lining, 묶음 가격전략 Price Bundling, 지역적 가격전략 Geographic Pricing, 할인(계절, 특별한 그룹, 양에 따른) 그리고 현금 할인(역자 주:이 용어들을 보다 잘 이해하기 위해 마케팅 용어사전을 참조하라) 등.

가격과 가격전략에서 부가적으로 여러분은 여러분의 유통경로들을 확인해야 할 것이다. 구체적으로, 여러분은 당신의 생산물 또는 서비스를 유통하기 위한 유통망을 가지고 있는가? 가지고 있다면, 누가 그것에 관여하는가? 마지막으로 여러분은 비즈니스 계획서의 일부를 통해 소비자 서비스 전략 또는 보증 정책에 관한 상세한 내용을 언급해야 한다.

파트 7: 사회적 그리고 영적 영향 계획

기업이 비즈니스(혹은 재정적) 양상들에 대한 충분한 계획을 하는 것만큼 사회적 기업은 조직의 사회적 그리고 영적 영향에 대해 계획하는 것도 매우 중요하다. 사회적 기업의 계획서에서 가장 중요한 요소 중에 하나는 세 가지 또는 다수의 측면(결과)을 고려하여 계획서를 작성해야 한다는 것이다. 우리는 이미 재정적 측면Financial Bottom Line에 대해서 이야기했다. 그래서 이 섹션에서 우리는 사회적 그리고 영적 측면Social and Spiritual Bottom Lines을 고려해서 계획하는 것이 필요하다.

한 기업 조직은 사회적 가치들을 다루기 위해서 사회적 병폐들을 명료하게 파악해야 할 필요가 있다. 사회적 병폐들 그리고 시행 준비가 될 사회적 프로그램들 이 두 가지가 충분히 설명되어야 한다.

마지막으로 수익을 계산하기 위해서 조직의 재정적 측면으로 접근하는 것처럼, 기업 조직은 사회적 그리고 영적 양상으로도 접근하는 것이 필요하다. 이처럼 접근하기 위해서, 이 섹션은 사회적 그리고 영적 측면을 고려하는 기업들의 그 측정기준이 무엇인지 다룰 것이다. 예를 들어, 한 조직이 문맹률을 다루기를 소망한다면, 이 섹션에서 기업계획서를 만들기 위한 요소를 열거해야하며, 어떻게 그들이 진행해야 할 것인가를 다루어야 할 것이다.

영적 측면을 측정하는 것은 보다 더 어렵다. 무엇이 측정되어야 하고, 어떻게 측정 되어야 하는지 결정하기 위해서는 보다 많은 기도와 사고 과정을 거쳐야만 한다. 기업을 운영하는 사람 가운데서 비즈니스 안에서 하나님이 일하시고 역사하신다는 믿음을 바탕으로 우리가 그 사역 안에 할 수 없는 영역이 있다는 것을 이해할 때, 기업에서 비즈니스를 감당하는 사람들 안에 겸손함이 발생한다. 그러나 영적 측면을 계획하는 것이 부족하다면, 영적 측면을 비즈니스에서 고려하는 것이 부족하게 될 것이다. 그러므로 이 섹션에서 기업은 그들이 갖기를 원하는 영적 측면이 무엇이고 그것을 어떻게 평가할지를 분명히 확인해야 한다.

파트 8: 운영 계획

여러분은 지금 운영 방법들을 언급할 계획 섹션으로 향하고 있다. 본질적으로 이 섹션은 여러분의 생산품 또는 서비스를 소비자들에게 전달하는 절차를 포괄하고 있다. 당신이 생산물을 생산한다면, 그것의 생산을 위한 제조 절차는 어떻게 되는가를 설명해야 하고, 또 서비스를 공급한다면, 여러분의 서비스를 공급하기 위한 배달 절차를 고민할 필요가 있다. 또한 이 섹션에서 품질관리 Quality Control, 생산관리 Production Control, 재고관리 Inventory Control를 위한 여러분의 접근 방법을 설명해야 한다. 특별히 서비스 문제와 소비자 불만족을 최소화하기 위한 품질관리 그리고 검사 절차를 위해 무엇인가를 언급해야 할 것이다.

여러분은 회사를 운영하기 위해 요구되는 장비들을 구체적으로 확인해야 한다. 시설 목록, 사무실 공간, 창고, 토지, 특별한 장비, 기계 비즈니스를 위한 다른 장비들을 고려해야 한다. 장비와 공간이 임대한 것인지 또는 매입한 것인지 (새것 혹은 중고) 선택하는 것도 중요하며, 필요한 비용과 그런 활동을 위한 소비 시간을 예측하는 것도 필요하다. 공장 또는 장비들을 위해 얼마의 재정을 청구할 것인가를 대답할 필요도 있다.

운영 계획 중 가장 중요한 것은 지형적 위치와 관계된다. 첫째, 만약에 회사가 물리적인(오프라인을 기초한) 장소를 보유하고 있다면 그것을 이용할 방법을 고려해야 할 것이다. 이 섹션에서는 장소를 분석하거나 장소 선정을 위해 행한 것을 언급해야 한다. 당신은 또 노동 유용성과 소비자 또는 공급자 접근성의 관점에서 보유한 장소의 장점 또는 단점을 토론해야 한다. 마지막으로 다양한 세금을 언급하고, 세금에 대한 지역 법이 있다면 그것을 인지하며 설명해야 한다.

결코 무시할 수 없는 것은, 당신의 운영 섹션에서 운영에 영향을 주는 법률적인 고려들 또는 법률적 이슈들을 상세하게 다루는 것이 중요하다. 비즈니스는 어떤 특별한 허가서를 요구하는가? 그것들을 얻기 위해 당신의 계획은 무엇인가? 비즈니스 계획서에서 이 모든 질문을 다루어야 하며, 당신이 가지고 있는 운영을 목적으로 하는 환경적 인식도 간단히 보여 줘야 한다.

파트 9: 경영 팀

이 섹션은 당신 비즈니스의 조직적 구조를 간단히 묘사하고, 회사 안의 중요한 인물, 그들의 전문분야 그리고 그들이 성취할 수 있는 성공과 전체적인 공헌을 상세히 설명할 수 있는 기회를 제공한다. 이 섹션은 특별히 직원(인력)에 관한 정보, 그들의 책임들, 조직적 구조, 보상과 지분 그리고 주요 인물들의 배경(그들의 경험의 적절성)을 언급한다. 덧붙여서 회사와 당신의 계획을 위해 각각 일시적인 기간, 짧은 기간 그리고 긴기간 동안에 사람들의 수요를 묘사한다.

마지막으로 이 섹션에서 당신이 도움을 받기 위해 당신이 선택한 고문Advisors의 명단과 관계 또는 회사에서 저명하게 여기는 멘토(예, 법률 고문 또는 컨설턴트)에 대해 다루어야 할 것이다. 예를 들어, 여러분이 비즈니스를 시작하려는 제3세계 환경에서 25년간 선교 활동을 한 선교사가 여러분에게 컨설팅을 한다면, 그는 다양한 정보를 얻기 위한 최적의 인물임에 틀림없다.

파트 10: 결정적 위험 요소들과 가정들

부족한 인간으로서, 우리는 근거 없는 낙관주의를 절대적으로 경계해야 한다. 낙관주의에 대한 비평적 접근은 종종 훌륭한 결과를 만들며, 우리가 객관적으로 계획서를 통해 예측하고 실행하려고 할 때 그것은 필수적인 도구가 된다(이것은 비즈니스 계획서의 가장 본질적 요소이다). 그러므로 이 계획서에서는 생존 가능성 또는 여러분의 계획을 오랜 시간 동안 지속가능하게 하는 것을 위협하는 결정적 위험 요소들에 대해 분별하는 여러분의 능력을 증명하는 것이 중요하다. 더 나아가 이 섹션에서 여러 가정들Assumptions을 만드는 것이 중요하다(가정들은 여러분 계획을 성공하기 위한 중요한 역할을 한다).

여러분은 계획서에서 비즈니스와 관련된 세 가지 혹은 네 가지 결정적 위험 요소와 가정들을 확인한 후, 여러분이 언급한 결정적 위험 요소들(혹은 실패에 대한 당신의 가정들)을 해결할 긴급 대책들을 명시해야 한다.

비즈니스 계획서는 미묘한 문서이다. 왜냐하면 여러분들은 일반적으로 회사 성공에 관한 낙관주의적 모습을 보여 주고 싶어 하기 때문이다. 그러나 여러분의 지나친 낙관주의적 태도 때문에 여러분의 회사가 발전(또는 유지)하는 것을 위협받고, 눈이 가려지는 것을 원치는 않을 것이다. 이 섹션을 잘 쓰기 위해서는 낙관주의와 맹목적 낙관주의 사이에서 균형을 맞추는 것이 필요하다.

파트 11: 재무 계획

여러분은 비즈니스 재무와 관련하여 약간의 사실적 지표(수)를 보여 주어야 한다. 특히 여러분은 실제 존재하는 데이터가 아닌 미래 예상되는 데이터를 기초로 재무제표를 만든 것을 의미하는 추정재무제표Pro-Forma Financial Statements를 사용해야 한다. 다른 비즈니스 계획 모형들(Small Business Administration 웹사이트 또는 entrepreneur.com을 보라)은 여기서 다른 정보를 제안할 것이다. 그러나 좋은 재무 섹션은 적어도 2년간(매달)의 추정재무제표를 포함하고 있어야 한다. 특히 이것은 영업이익률, 대차대조표 그리고 현금흐름 보고서를 포함해야 한다. 내가 언급한 것처럼, 이 지표(수)들을 예상하는 동안, 그 제표들은 재무적 견해를 통해 회사의 초기 단계에서 여러분의 가장 좋은 진단을 보여 주어야 한다.

이 섹션은 간단히 지표를 나타냄을 위한 것이 아닌 것을 기억하라. 한 권의 책 저자처럼 여러분은 프로젝트를 시작하기 위한 지분액 혹은 빚과 창업비용 등과 같은 중요한 제표들을 설계하여 중요한 평가와 진단을 수행해야 한다.

마지막으로 여러분은 재무 지표를 설계할 때, 여러분이 만든 재무 가정들의 리스트를 제공해야 한다. 예를 들면, 이자 비율, 동반자 협정, 또는 당신의 지표를 확증하기 위한 판매계약에 관한 가정들을 언급해야 한다.

파트12: 명시된 회사 매출

비즈니스 계획서는 새로운 회사를 시작하거나 또는 존재하고 있는 회사를 세워가기 위한 많은 다른 측면을 고려하기 위해 필요하다. 비즈니스 계획서의 가장 중요한 용도 중의 하나는 재원을 마련하는 것이다. 여러분의 회사가 이런 경우에 해당한다면, 여러분은 이 섹션을 주목할 필요가 있다. 명시된 매출Proposed Offering은 여러분에게 회사를 시작하기 위해 필요한 자금을 요구하기 위한 기회가 된다.

특히, 여러분은 얻을 수 있는 자금이 얼마나 되는지 분명히 알기를 원할 것이다. 여러분이 회사 수익에 대한 지분을 나눌 것을 계획한다면, 잠재적 투자자들은 이 지분을 구체화하고 평가된 이익률을 알기 원할 것이다. 마지막으로, 여러분은 그 계획(예를 들면 창업자금, 아이템 등)에서 어떻게 투자자금을 사용할 것인가를 분명히 보여 줘야 한다.

결론

재원을 얻기 위한 것이든, 참여를 유도하기 위한 것이든, 관심을 갖게 하는 것이든, 비즈니스 계획서의 주요 가치는 여러분 스스로와 다른 사람들에게 기회, 재무, 성장, 위협, 환경 그리고 당신의 회사와 관련된 예상된 가정들의 예리한 분석과 이해를 보여 주기 위한 것이다.

Q1 비즈니스 계획을 성공적으로 실행하는 데 있어서 공통된 장애물은 무엇이 있을까요?

Q2 이 장에서 가이 가와사키^{Guy Kawasaki}는 "그(비지니스 계획) 자체는 그것을 문서에 옮기는 절차만큼 중요하지 않다"라고 언급합니다. 가와사키가 이렇게 말한 의미는 무엇이라 생각하세요?

Q3 기독교인이 다른 사람의 어려움을 확인하고 그들의 짐을 덜어 주길 소망한다면, 계획과 기술 실행 같은 부분에 더욱 관심을 기울여야 하는 이유는 무엇일까요?

Q4 인간은 확증 편향(자신이 이미 생각하고 믿고 있는 것만을 믿으려 함)의 경향이 있습니다. 비즈니스 계획서 안에서 특별히 '결정적 위험과 가정'^{Critical Risks and Assumptions}과 관련하여, 이 편견을 인지, 경계하는 것이 필요한 까닭은 무엇일까요?

Q5 당신이 기업가라면 회사 발전을 위한 포괄적 비즈니스 계획의 어떤 장애물 제거에 시간과 에너지를 투자하겠습니까?

참고문헌

- Entrepreneur. Com. n.d. *Business Plan: A Step by Step Guide.* www.entrepreneur.com/businessplan/index.html.

- Kawasaki, Guy. 2004. *The Art of the Start: The Time-Tested, Battle Hardened Guide* for Anyone Starting Anything. New York: Portfolio.

- Kiva. N.d. Kiva: *History.* http://www.kiva.org/about/history.

- Levitt, Steven D., and Stephen J. Dubner. 2014. *Think Like a Freak extract: joining the dots between hot dogs, Van Halen and David Cameron. From Think Like a Freak.* https://www.theguardian.com/books/2014/may/11/think-like-a-freak-extract-steven-levitt-stephen-dubner-van-halen-david-cameron.

- Small Business Administration. n.d. SBA-*Writing a Business Plan.* https://www.sba.gov/tools/business-plan/1

'기업가 정신 사고'는 시장에서 창조적으로
문제, 차이, 제한이 있다는 것을 고려해서 사고하는 것을 뜻한다.
기업가들은 다른 사람이 생각하지 못하는 곳에서 기회를 발견한다.
이것은 그들이 사회적 문제에 관심이 있다는 것을 의미한다.
특별히 기독교인은 사회에서 소외받는 사람들을 향해
눈을 돌리라고 부르심을 받았다.

"너희가 짐을 서로 지라 그리하여 그리스도의 법을 성취하라"(갈 6:2).

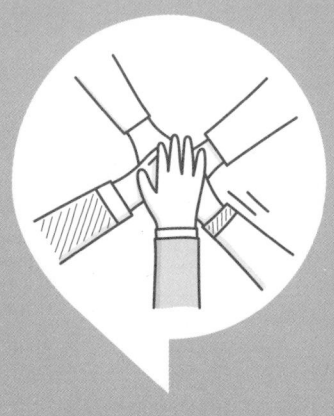

세상을 변화시켜라 그러나 혼자는 안된다

러셀 웨스트 Russell W. West, 탐 텀블린 Tom F. Tumblin

"조직 안의 힘과 에너지는 관계를 통해 발생한다. 관계의 패턴과 형성 능력은 직무, 기능, 역할, 위치보다 중요하다"(마가렛 위틀리Margaret J. Weatley, Leadership and the New Science).

"수고하고 무거운 짐 진 자들아 다 내게로 오라 내가 너희를 쉬게 하리라 나는 마음이 온유하고 겸손하니 나의 멍에를 메고 내게 배우라 그리하면 너희 마음이 쉼을 얻으리니 이는 내 멍에는 쉽고 내 짐은 가벼움이라 하시니라"(마 11:28~30).

소개: 누구가에게 많이 주어지는…

그는 그것이 가능하다는 것을 알았다. 수많은 나라에 의료 단기 선교를 가 본 한 명의 안과의사로서, 그는 선교지 농촌지역에서 안구 수술의 부족함을 보았다. 미국 대학 외과 건강 정책 연구소The American College of Surgeons Health Policy Research Institution에 따르면, 2009년 미국에서

16,279번 행한 안구 수술이 그가 섬긴 선교지 나라들에서는 오직 한 번 행해졌다. 세계의 의료 자원은 모든 나라에 동일하게 분배되지 않는다. 그런 점에서, 삶은 공평하지 않다.

그러나 그는 기업가 정신의 아이디어를 가졌다. 그는 오지 선교지에서 기초적 외과 수술을 수행하기 위해서 의료 전문가들을 동원할 수 있는 방법을 디자인했다. 그의 프로젝트를 통해서 충분히 훈련된 외과 의사들과 간호사들이 선교지에서 눈 때문에 고통 받는 사람들의 필요를 충족할 수 있었다. 또한 그의 장치는 의료 분야의 단계를 높이는 데 도움을 주었다. 그는 한 실험 기술회사와 파트너를 이루었다. 그들은 그 분야에서 전문가들의 요구를 충족하기 위해 장치를 개선했다. 그 절차를 수행하기 위해 외과 간호사들 그리고 의료 전문가들이 네트워크 훈련을 받았고, 이 새로운 의료 도구는 다양한 나라에서 많은 성공 스토리를 얻을 수 있었다.

우리(저자들)는 회사를 시작하려는 영적 그리고 사회적 기업가들에게 조언했고, 선교를 위해 사람들과 동역하려는 회중을 코칭했다. 선교적 개혁자들과 함께한 이 경험은 변혁을 위한 세상의 갈망들이 있다는 것을 믿게 되는 원인이 되었다(Bitzer 1968을 보라). 이 장의 소개 부분에 묘사된 사회적 기업가는 선교지의 필요를 살피고 그곳에서 중요한 의미를 창출하기 위해 무엇인가를 행하는 영적 공동체의 전형적인 한 멤버의 예이다. 그리고 그의 공동체는 선교를 위해 그를 따르고 협력했다. 이런 측면에서, 이 사람은 최근에 생긴 인기 있는 전문 용어인

"사회적 기업가"(공공선을 위해 기회들을 찾고 비즈니스 훈련에 영향을 미치는 사회적 혁신자들의 종류)로서의 활동들을 행했다. 지속된 변혁에 대한 우리의 경험을 살펴보면, 개혁자들은 결코 바람과 반대하여 맞서 고정되어서 있는 하나의 항아리처럼 고립된 영웅적 리더가 아니다. 오히려 강력한 변화는 종종 여러 사람의 하나 됨의 노력을 통해서, 다른 변화들을 만들기 위해 함께 헌신하는 얼굴 없고 이름 없는 공동체 구성원들로부터 발생한다. 이런 측면에서 성도는 세상 안에서 열정적으로 변혁을 만들며 하나님의 사역을 위한 문제 해결자들로서, 하나님과 사람들 또는 사람들 사이에서 부름 받고, 양성하고, 파송하고, 창조적 사람들을 축복하는 공동체에 속한 사람들이다. "하나님께서 여러분을 문제 해결사로 생각하신다면 여러분은 어떻게 반응하겠는가?", "하나님이 세상에 나타나는 어떤 문제를 변화(혹은 해결)하시려고 당신의 새로운 아이디어, 기술 그리고 회사들을 원하신다면 어떨까?"

이 장에서 우리는 회중을 사회적 기업가들을 양성하는 공동체로서 고려하여, "무엇이 그들을 해결사들Solutionaries로 부름 받게 하는지?"를 설명할 것이다. 우리는 사회적 선Social Good을 위한 보다 좋은 아이디어를 창출하기 위해 성숙한 이들의 좋은 아이디어를 반영하려고 파트너들을 찾을 뿐 아니라 발생한 문제들의 해결을 위해 이 장에서 논의할 것이다. 마지막으로 우리는 사회적 해결책을 찾고 문제 해결을 위해 필요한 자원을 선택할 방법을 찾기 위해 공동연구지도Collaborator Map에 대해 다룰 것이며, 여러분 스스로가 공동체에서 투자자들을 찾고 양성하는 것을 시작할 수 있도록 참고자료worksheet를 제시할 것이다.

한 사람에서 다수로:
회중들을 해결사Solutionaries로 양성

한 평범한 사람을 사회적 기업가 정신을 가진 단계로 일깨우는 것은 드라마 같은 이야기이다. 지역 교회가 한 사람의 아이디어들을 거부하지 않지만, 동시에 그 교회가 항상 기업가를 양성할 필요를 느끼지 못한다. 대부분의 교회는 그들의 문화, 상황적 배경 안에서 사회적 기업가들을 양성하지 않고 사회적 기업 정신을 행하지도 않는다. 많은 교회는 개인들이 열심을 보일 때, 그들의 숭고한 뜻을 격려하지만 함께 실천하는 것은 꺼려 한다. 우리는 교회가 사회적 기업가 정신을 위해 열정, 해결, 전문적 기술의 도화선이 되는 점화장치가 되는 것을 희망한다. 우리는 교회들이 '공동선'Common Good을 위해 역사적으로 행한 것처럼 선교적인 혁신 전문가로 돌아와서, 그들 주변의 세계에서 가장 좋은 아이디어들을 창출하길 소망한다.

우리는 많은 회중 안에서 거의 이런 거룩한 실험이 일어나지 않고 있다는 것을 알고 있다. 나의 친구들 중에도 예배에 만족하며 조용한 현재의 상황이 보트 밖으로 발을 내딛는 급진적인 행위보다 낫다고 여기는 이가 많다. 그들은 모험을 하는 것을 불 위를 걷는 것과 같이 어리석은 것이라고 생각한다. 정상적인 상태라면 아무도 위험을 감수하지 않을 것이다. 그러나 우리는 아래와 같이 "신학적인 가정들"Theological What If에서 새로운 답을 찾아야 한다.

- 만약에 교회가 접목자Inoculators가 아닌 배양자Incubators가 되면 어떨까?
- 만약에 선교를 위한 하나님의 초대가 그리스도와의 개인적 관계뿐 아니라 우리 서로(인간 관계) 안에 깊이 있는 관계로 진행되면 어떨까(역자 주: 주님의 지상명령The Great Commandments의 균형적 실천을 위해)?
- 만약에 우리가 사실상 선을 위해 창조되었지만, 때때로 봉사Service 활동을 하는 것을 꺼리면 어떤 결과가 일어날까?
- 만약에 교회의 역할이 오직 안전을 지키는 것보다 오히려 사람들의 필요를 해결하는 거룩한 실험(또는 시도)을 수행하는 것이라면 어떨까?

아담과 이브의 시대부터 하나님은 우리가 의미 있는 직업을 갖기를 원하셨다. 목가적인 장면은 창조주와 피조물인 믿음의 청지기가 매일 함께하는 일과 중에 하나였다. 하나님과 함께 걸으며 하나님의 기업에 참여하는 것은 피조물의 목표였다. 하나님은 우리에게 보다 가시적으로 왕국(하나님 나라)을 만드는 역할을 감당하라고 맡기셨다. 하나님은 우리 없이도 세상을 구원하실 수 있지만, 그분은 우리를 통해 말씀하시고 일하시길 원하신다. 예수 그리스도의 탄생, 희생, 부활로 비롯된 하나님의 방향 전환Divine Turnaround은 우리를 새 하늘과 새 땅에 참여시키시는 것을 의미한다. 이 의미는 부분적으로 우리를 통해 하나님 나라The Kingdom of God를 성취하고자 하시는 것이다. 이 모든 사역과 방향 전환은 우리를 위한 것이 아니라 하나님 나라를 위한 것이다. 또한 우리 스스로 행함이 아니라 우리 안에 그리스도께서 행하시는 영광과 희망으로 이루어지는 것이다. 그러나 우리가 선교를 통해 하나님과 연합할 때, 우리의 사명과 상관없이 우리의 삶 역시 변화된다. 우리가 그리스도의 이름으로 연합됨으로 말미암아 우리의 삶은 달라질 뿐 아니라, 우리 스스로 역시 변화된다.

성서 안에서 발견되는 교회의 다양한 이미지 중에서 우리는 종종 우리의 마음 속에 보다 전통적인 모습의 교회를 형상화한다. 교회는 편안함과 격려의 장소가 되지만 교회는 또한 보냄(역자 주: 라틴어로 선교의 뜻은 '보냄'이다. 교회의 사명은 '하나님의 선교-Missio Dei' 즉, '하나님의 보냄'의 사역에 동참하는 것이다)의 장소가 되어야 한다. 교회는 평화로운 성전이기도 하지만, 교회는 또한 보냄을 실천하기 위한 급진적Unnerving 도전을 준비하기 위한 장소임에 틀림없다. 건강한 회중은 하나님의 선교를 실천하기 위해서 기꺼이 모험적 대화를 이끌어 간다. 믿음 안에 사는 사람들은 하나님의 음성을 계속 듣는다. 때때로 그 음성은 힘든 일을 경험하는 영혼에게 "평안하라, 평온하라"라고 하신다. 그러나 그 음성은 또한 "가라, 내가 너희와 함께하리라"고 말씀하시면서, 그리스도를 따르는 은사 받은 사람들에게 하나님의 위대한 다른 모험을 열고자 격려하신다.

다음의 표현들은 회중이 그들의 공동체가 가지고 있는 문제를 보다 적극적으로 참여, 해결하도록 장려하기 위해 제시되고 있다.

• 그들은 세심하다. 생명력 있는 교구들Vital Parishes은 "하나님 나라를 구현하기 위한 세심함"을 실천하기 위해 노력한다. 믿음의 공동체 구성원들은 그들 개인의 믿음 생활에서 어떻게 하나님의 음성에 집중할지 훈련된다. 그들은 선교적 방법들 안에서 믿음을 실천하기 위한 기회를 찾기 위해 하나님의 음성을 듣도록 훈련된다. 하나님이 일하실 때, 교구는 힘을 얻는다. 건강한 교회는 거룩한 위험성Holy Risk을 수행하는 지혜를 의심하기보다는, 모든 사람을 성령님의 인도하심을 듣고 따르도록 인도한다. 그 결과는 회중이 세상 친구들의 삶에 하나님의 창조성을 경험하게 하는 활기차고 기대되는 교제를 만드는 역할을 한다. 기독교는 관객을 동원하는 스포츠가 되는 것을 경계해야 하며, 기다림, 경청 그리고 성령님이 우리에게 하신 말씀을 근거로 행동하는 영적 주기를 따라야 한다. 하나님이 우리를 통해 행하시는 일이 무엇이며 우리 안에서 행하실 일이 무엇인지 느낄 때, 회중은 하나님이 원하시는 사역을 장려하고, 영적 여행을 멈추지 않는다.

• 그들은 은사를 받았다. 성서의 많은 곳에서 하나님이 주신 은사를 사용하는 사람들을 볼 수 있다. 모세는 스스로 아무것도 할 수 없다는 자라고 고백하며, 하나님이 원하시는 사역을 거절했다. 그러나 하나님은 "너의 주변에 무엇이 있느냐?"라고 물으시고, 그에게 은사를

부어주시고 예배를 드리는 것에 초점을 맞추도록 하셨다. 또한 하나님께서는 급성장하는 공동체를 돌보기 위해 재원을 찾는 초대 교회에게 성도들이 가진 모든 것을 팔아서 드릴 수 있게 준비하시고, 관대하고 은사 있는 리더들을 기르셨다.

- 그들은 부름 받았다. 우리 각자는 하나님의 목표를 위해 사용할 수 있는 구별된 자산을 가지고 있다. 하나님의 음성에 우리가 "예"라고 응답하는 것은 부르심의 시작이다. 이 부르심은 우리가 계약서의 세부 항목까지 읽고 사인을 하는 일반적 계약서와는 같지 않다. 상세한 것을 분명하게 알지 못하지만, 하나님의 자비하심을 통해 의심 없이 하나님의 선하심을 믿음으로써 비어 있는 첫번째 페이지에 사인하는 것이다. "예"라고 대답한 우리와 함께 계시는 그분은 보다 쉽게 우리를 통해 더 많은 일을 하신다. 우리는 우리를 부르신 그분이 우리의 가장 거친 상상 Wild Imaginations 을 뛰어넘는 신실하신 분이라는 것을 알 수 있다.

- 그들은 위임받았다. 우리는 부르심은 꼭 전문적인 성직자들에게만 주어지는 것이 아니라는 것을 안다. 하나님은 우리가 태어나기 이전 그리고 디자인되기 전부터 우리를 아셨다. 모든 인간 존재는 특별한 목적과 함께 하나님의 형상으로 창조되었다. 자동적으로 우리는 하나님의 목적을 위해 다른 사람들의 삶 안에서 성령님의 도우심과 함께 선함을 실천하기 위해 더불어 살아간다. 하나님은 학교 교사, 가정

주부, 실행자, 계약자 모두에게 나타나신다. "우리가 존재한다"는 의미는 삶 안에서 우리가 다양한 경력(직업)을 가지게 된다는 것을 수반한다. 이것은 또한 우리가 항상 하나님의 인도하심 구하며 생산하고 열매 맺어야 한다는 것을 의미한다. 예수님을 따르는 자로서 24시간, 7일 그리고 365일을 산다는 것은 우리가 그 시간을 통해 영적 영향력을 가진다는 것을 의미한다. 우리는 변화되었고, 그래서 우리의 직장 동료들은 우리와 더불어 하나님을 경험한다. 우리의 이웃들은 우리의 증거 안에서 다른 문화적 가치들을 깨닫게 된다. 시장과 식당에서 우리의 친절과 정직은 그리스도를 드러내게 한다. 우리가 우리의 삶에서 하나님의 부르심을 붙잡을 때, 우리 삶의 모든 영역에서 빛과 소금의 존재가 되고, 우리의 근면함은 세상과의 관계에서 간증이 된다.

- 그들은 양육된다. 교회는 우리를 개인적으로 성숙하게 훈련하고, 함께 사는 공동체에 협력한다. 소명은 우리들의 마음 안에서 홀로 완전히 구체화되는 것이 아니다. 종종 한 사람이 한 아이디어를 얻고 완전히 그 아이디어를 이해하기 위해서는 지혜로운 조언자가 필요하다. 교회에서 우리의 형제, 자매들은 먼저 우리가 말하는 것을 듣고, 중요한 질문들을 하고, 성경적 척도로 가치의 중요성을 이야기해 주고, 우리가 소명을 실천할 때 첫 시도를 하는 것을 돕는다. 오랜 시간 소명은 오직 한 사람에게만 확인되는 개인적인 것이 아니었다. 그 소명은 성령님이 말씀하시는 사람들이 속해 있는 소그룹 안에서 볼 수 있었다. 주님은

사람들이 모이는 그룹(혹 팀)을 통해서 개인들에게 영향을 미치신다.

- 그들은 함께 보냄받는다. 여러분이 소명을 깨닫고, 하나님께로부터 온 그 소명이 분명하게 실천되어야 한다고 생각한다면, 조력자를 찾아라. 하나님께서 이미 여러분들의 소명을 위해 준비하신 실천의 장이 어디에 있을까? 아마 여러분의 주변에서 비슷한 활동을 하는 사람들이 있을 것이다. 필요를 충족할 전략을 실행하기 위해서 자금 제공자를 찾아야 할 것이다. 아마 여러분과 똑같은 부르심을 받은 다른 회중이 있을 것이다. 소명은 무에서 시작하는 것이 아니다. 일반적으로 똑같은 목표를 가진 부름 받은 다른 사람들이 있다.

몇몇 좋은 아이디어가 살아남지 못하는 이유들: 5가지 해결 방해자(혹은 장애물)

올리버 웬델 홈즈Oliver Wendell Holmes는 다음과 같은 표현으로 인간 창의력의 불꽃들을 즉시 불러 일으켜야만 한다고 언급한다: "많은 사람들은 여전히 그들의 노래를 가슴에 묻고 죽어간다. 왜 그럴까? 왜냐하면 그들은 늘 너무 살아갈 준비만 하기 때문이다. 그래서 그들이 그것을 깨닫기 전에, 시간이 다 지나가 버린다."Holmes 1919 다른 말로, 몇몇 세상의 가장 좋은 아이디어가 빛을 보지 못하고 사그러 든다. 세상에 드러나면 세상을 밝게 변화시킬 아이디어들이 꺼지고 마는 이유는 일반적으로 시작하는 단계까지 도달하기가 어렵기 때문이다. 우리가 관성의 법칙을 생각해 본다면 정지된, 안정된, 또는 고정된 때 움직이는 것이 가장 어렵다는 것을 깨닫게 된다. 아마도 한 아이디어가 꽃을 피워 보지도 못하고 사라지는 많은 이유가 있을 것이다. 이 장에서 우리는 평범한 사람들이 그들 주변 세상을 비범한 다름으로 만드는 것을 방해하는, 적어도 다섯 가지 방해물을 살펴볼 것이다. 우리는 이것들을 해결 방해 증후군Solution-Busting Syndromes이라고 묘사하고 그것들을 극복하기 위해서 하나의 시작점을 제공하길 원한다. 해결을 방해하는 장애물은 다음과 같다:

• 소극성의 문제- "내가 그것을 무시하면, 사라질 거야." 복잡한 문제에 직면할 때, 자연적으로 그것을 누군가가 이미 하고 있을 것이라고 가정해 버린다. 그래서 우리는 더 많은 정보를 알려고 하거나, 참여하는 것을 거절하거나, 그 일을 늦춘다. 우리는 기다리고 걱정하면서 그 일에서 발을 뺀다. 그리고 그 문제가 계속 사라지지 않고 우리의 개인적 안전지대를 위협한다면, 그때 비로소 우리는 활동할 것이다(또는 반응할 것이다).

• 마비의 문제- "그것은 나에게 너무 커." 때때로 거대한 사회 문제들은(종종 권위 있는 통계 자료가 "이백만 명에게 영향을 미치는", "우리는 변화를 창출

하기 위해 사백만 달러가 더 필요해", "1974년 이후 변화되지 않았어" 또는 "고칠 수 없는 것…"과 같은 용어들을 사용한다) 절대적으로 일반 사람이 도움(또는 해결)을 줄 수 없다는 가정을 만들어 아무것도 할 수 없게 활동을 마비시킨다. 마케팅에서 사용되는 큰 규모와 범위를 보면 일반인의 능력으로 도전에 참여하고 초대에 응하는 것이 어려운 것으로 여겨질 수 있다. 그리고 때때로 "당신이 무엇이든 주는 것이 도움이 될 것이다"라는 표어는 "존재하는 큰 문제를 작은 도움으로 해결할 수 없다"고 생각하는 사람들의 인식을 변화시킬 수 없다고 여기게 한다. 그래서 작은 도움에 대해 부정적으로 생각을 하는 사람들은 딜레마라고 여겨지는 극복 불가능한 상황에서 "어떻게 사람들의 아주 작은 도움이 큰 차이를 만들어 낼 수 있는가"를 상상할 수 없을 것이다.

- 지갑의 문제- "나의 주머니는 충분히 깊지 않아." 강단에서 헌금 바구니가 교회 좌석을 지나갈 때, 교회가 해결해야 할 어려운 사회 문제에 대해 듣거나, 재정을 충당하기 위한 감정적 호소를 듣기가 쉽다. 그리고 여러분은 자신의 헌금이 매우 적은 금액이라고 느낀다. 우리는 너무 쉽게 중요한 기부자들만이 중요한 영향을 미친다고 생각한다. 우리는 몇몇 문제를 해결하기 위해서는 비용이 많이 든다는 것을 안다. 예를 들면 환경 문제, 의료 건강 문제, 영양결핍, 교육의 기회 및 질, 국제 경제위기, 수뢰와 타락 문제, 공학을 기초로 한 발전, 범죄와 투옥 문제, 전쟁과 갈등을 기반한 문제 그리고 정치적, 이념적 종교적 갈등

을 변화시키는 것은 적은 재정적 도움으로 해결하기는 어려운 것들이다. 우리가 일용직 근로자라면, 월 말에 적게 남겨진 재정을 가지고 우리가 지속적으로 변화를 만드는 것은 상상하기 어려운 것이라고 생각할 것이다. 우리가 가지고 있는 것이 부족하고 자원을 이용하기에는 한계가 있다고 생각할 수 있지만, 우리는 변화를 위해 적은 자금을 모아 함께 자원을 이용할 수 있는 방법을 고민해야 한다.

• 허가의 문제- "오직 전문가들만이 참여해야 해." 소수의 사람은 전문가들이다. 이 사람들은 그들의 경력을 통해 스스로를 준비해 왔고, 학문적, 실천적 규정에 숙달되어 있다. 그리고 평범한 사람들, 자원봉사자들, 훈련되어 있지 않고 전문성이 부족한 아마추어들과는 구분된 윤리적 규정을 충족하는 자격을 갖추었다. 많은 사람이 전문가들만이 어떤 문제를 해결할 수 있다고 생각한다. 이 생각은 특히 세상을 변화시키기 위해 하나님이 사용하시는 삶을 사는 믿음의 사람으로 구성된 교회 그리고 종교적 배경의 조직에서도 나타난다. 몇몇 믿음의 사람은 세상을 변화시키기 위해 초대장을 받았을 때, 그들은 "무엇을 하면 최선일까?"를 고려하는 것 대신 목사들 또는 사역 전문가들에게 승인을 받는 것을 먼저 생각한다. 사역 리더들 또는 그들과 관련된 기관들은 많은 종류의 법적, 윤리적, 전략적 이유들 때문에 비성직자 또는 스텝이 아닌 사람들이 사역에 참여하길 원할 때, 통과 또는 승인 절차를 요구한다.

- 계획의 문제-"나는 도움을 요청할 거야." 몇몇 도전들은 너무나 벅차고, 성취하기 힘들어 보여 그 일을 행할 자원봉사자들 그리고 참여자들의 눈을 흐릿하게 만들고 시작할 방법이 없는 것처럼 보이게 한다. 대부분의 사회적 문제를 보면 그 발생한 원인이 다양하고, 그 해결 방안도 한 가지가 아니다. 그래서 이 문제들을 해결하기 위해서는 다양한 접근 방법이 요구된다. 또한 이 문제들을 해결하기 위해서는 부분적인 대응도 요구된다. 이 문제들은 다양한 자원의 지원을 통해 철저하게 디자인되고, 긴 시간을 통해 연구되며, 전략을 가지고 다루어져야 한다. 그래서 이 문제들을 다루기 위해 계획서을 만드는 절차가 요구된다.

증인: 파트너 반사작용 The Partnering Reflex

하나님은 변화하는 세상을 만드실 때, 선택한 사람에게 부담을 지우심으로써 그 일을 행하시는 것처럼 보인다. 그들은 올바르게 만들어질 필요가 있는 어떤 문제를 바라보고, 응답이 필요한 무엇인가를 먼저 듣는다. 그들은 또한 어떻게 그들의 기술, 그들의 배경, 그들의 공동체가 다른 사람, 다른 가족, 다른 공동체에 도움이 될 수 있을까를 살펴본다. 이 사회적 부담을 가진 사람들은 다른 사람들과 어려운 일을 공유하고 그 여행에 다른 사람들을 초대할 의무가 있다. 왜냐하면 혼자 활동하는 것보다 함께 일하는 것이 보다 많은 것을 성취할 수 있기 때문이다. 우리는 그것을 '파트너 반사작용'The Partnering Reflex이라고 부른다. 그리고 그것은 한 가지 활동을 다양한 활동으로 변화시킨다.

사도행전에는 선교적 증식Missional Multiplication의 모델이 분명하게 나타난다. 사도행전 11장에서, 안디옥의 이방인들은 교회가 복음으로 초대할 때, 숫자적 성장으로 응답하기 시작한다. "주의 손이 그들과 함께 하시매 수많은 사람들이 믿고 주께 돌아오더라"(행 11:21). 예루살렘의 유대인 리더들에게 진정한 놀라움을 준 이 성장은 조사할 가치가 있었으며, 리더들은 그 연구를 위해 신실한 일꾼이라 불리는 바나바를 파송하기에 이른다.

바나바가 그곳(안디옥)에 도착했을 때, 그는 다음과 같은 인상적인 현상을 깨닫게 되었다. (1) 하나님께서는 새로운 이방인 신자들이 급성장하는 공동체에서 일하신다. 그리고 (2) 바나바가 이 운동이 하나님께서 분명히 역사하시는 운동이라 믿는다면, 그는 사람들을 동원하는 데 도움을 주어야만 했다. 그리고 (3) 독자들의 눈에 잘 알려지지 않아서 잃어버리기 쉬운 전략이지만, 수많은 선교 전략 중에서 가장 중요한 것 중에 하나는 바나바가 떠났다는 것이다! 그것은 역사 안에서 가장 큰 종교적 부흥 현상이며, 바나바가 이방인의 사도로서 역사 안에서 사람들을 모이게 하는 기회가 되었다. 그리고 그는 다마스커스의 길을 가기 위해 거의 사백 킬로미터를 천천히 여행함으로, 명성을 얻고 유명인이 되기 위한 기회를 포기했다.

왜 누군가는 그런 일을 행해야 하는가? 왜 바나바는 장애물을 제거하는 데 공헌하기Contribution-Killing Obstacles 위해 떠났는가? 바나바는 새로운 공동체가 생존하기 위해서는 자원이 필요하다는 것을 알았다. 그리고 그는 당시 주요한 인적 자원인, 별나고 키 작은 랍비이며, 상당히 좋지 못한 평판을 가진 한 사람을 찾아야겠다고 생각했다. 그래서 그는 다소의 사울에게 갔다. 사울은 결국 사도 바울이 되었다. 바나바는 사울을 찾고 충분히 전략적으로 그 인적 자원을 사용했다. "바나바는 사울을 찾으려고 다소로 가서 그를 만나 안디옥으로 데려왔다. 두 사람은 일 년 동안 줄곧 거기에 머물며 교회에서 모임을 가지고 많은 사람을 가르쳤다. 제자들은 안디옥에서 처음으로 그리스도인이라고 불렸다"(행 11:25~26).

바나바는 바울을 파트너로 삼았다. 그리고 그들이 언급한 것처럼, 그들이 함께하는 사역이 역사가 된다. 또한 우리가 아는 것처럼 교회의 역사가 된다. 파트너를 삼은 바나바의 비이기적인 행위는 작게는 안디옥에서 믿음의 새 공동체를 살렸을 뿐 아니라 세계적인 기독교 운동을 가능하게 만들었다. 바나바는 한 사람을 자원으로 찾았고, 그와 더불어 아마도 일 년간 지속적으로 성경을 가르친, 사역 학교라 불리는 기관을 세우고 사람들을 일깨웠다. 바울과 바나바는 하나님의 사람으로서, 역사 안에서 무에서 유를 창조하는 새로운 해결책을 도입하는 모델이 되었다.

우리는(저자들은) 사람들, 교회들, 공동체를 변화시키는 하나님의 방법은 동일하다고 믿는다. 즉, 한 사람의 삶이 많은 사람을 위해 확장되면 변화(혹은 장애물을 제거)를 만든다는 원리이다. 이 장애물을 제거하는데 공헌한 Contribution-Killing Obstacles 예들은 위에서 언급했듯이 공통적으로 한 가지를 공유한다. 그 장애물들은 우리가 홀로 있는 시간만큼 우리를 변화되지 못하게 만들고 그 상태를 유지시킨다. 그러나 한 사람 그리고 다른 사람들이 연합함으로써, 변화가 지체되던 영역에서 새로운 변화를 창출한다.

잘 선택된 소수의 파트너 능력이 더해짐으로써, 변화를 위한 진정한 능력이 발휘된다. 이것을 우리는 '파트너십 해법'Partnership Solution이라고 부른다. 이 내용을 더 보완한 원리는 다음과 같다.

- 파트너 반사작용 원리 The Partnering Reflex Principle – 오직 한 사람이 홀로 무엇을 성취하기 위해 부족한 능력을 가지고 홀로 서둘러 행하기보다는 해결책을 함께 추진할 수 있는 소수의 동역자들의 능력을 보태면서 느리게 행하는 것이 낫다.

다른 말로, 당신이 혼자가 아닌, 소수의 다른 사람과 함께하면 당신은 상황을 변화시킬 수 있는 엄청난 능력을 얻는다. 그러나 파트너십은 무엇인가? 필 버틀러Phil Butler의 책 Well Connected: Releasing the Power, Restoring the Hope Through Kingdom Partnership에서, 그는 '파트너십'을 다음과 같이 정의한다. 파트너십은 "한 사람의 능력을 뛰어넘어 한 공통적 비전을 성취하기 위해 규칙적으로 함께 대화, 계획 그리고 일하는 공통적 흥미를 공유하는 개인들 또는 조직들의 모임"이다. 필 버틀러는 덧붙여서, "파트너십은 그냥 정보를 공유하거나 교제를 장려하기 위해 존재하는 것만은 아니다. 정보와 장려는 파트너십의 절차 중에 한 부분이다. 그러나 그것들은 파트너쉽의 목적을 위한 것이 아니고 결과를 위한 수단이다"Butler 2005라고 언급한다. 많은 사람의 연합된 노력은 항상 한 영웅적인 운영자의 최선의 의도보다 뛰어난 것이다. 다시 위에서 강조한 다섯 가지 장애물을 생각해 보자. 그러나 이번에는 파트너십을 통해 만들 수 있는 능력Capacity-Building Partnerships을 통해 발생할 수 있는 가능성 또한 살펴 보자.

- 소극성으로부터 연대로- "나는 한 발짝 나가야 해." 모든 어려운 문제를 해결하기 위해 요구되는 것은 "먼저 한 발짝 나가야 한다는 것"이다. 몇몇 해결책은 오직 사람들이 그 문제를 보고 그들의 내부에 공론화했을 때 발생될 수 있다. 그리고 대부분의 해결사들은 다음과 같은 사실을 발견한다. "나는 결코 혼자가 아니었다." 하나의 사회적 문제가 있다면, 그것은 공동체 안에 다른 사람들에게 영향을 미쳤다는 것을 의미하며, 그 사람들은 아마 그들을 도와줄 다른 사람들을 기다리지 못할지 모르지만, 그들이 처한 곤경에서 기꺼이 도움을 줄 적극적인 친구(동료)들의 공헌을 환영할 것이다.

- 마비로부터 대화로- "나만 그 문제에 관심을 갖는 오직 단 한 명

의 사람이 아니다." 우리가 도전해야 할 문제들을 통계로 나타낼 때, 문제의 진실을 이해하기 위해서는 조금 더 많은 통계학적 정보가 요구된다. 그 다양한 상황에서 같은 문제를 염려하거나 관심을 갖는 다른 사람들과 대화하는 법을 배우는 것이 중요하다.

• 돈이 메마른 지갑으로부터 파트너의 후원으로- "나는 이것을 주기 위해 가지고 있어." 우리가 거대한 문제를 홀로 해결하려 하면, 우리의 제한된 자원에 대한 압박으로 어려움에 처하기 쉽다. 그리고 우리는 "내가 무엇에 관심이 있지? 내가 그것을 할 수 있을까?"라는 질문이 생긴다. 그러나 혼자서 그 문제에 대해 영향을 미치거나, 해결하는 것이 불가능하다고 생각될 때, "왜 나는 이것을 행해야 할까?"라는 질문을 하는 것보다는, "내가 관심이 있는 이 문제에 대해서 누가 또 관심을 기울이고 있을까?" 그리고 "우리가 함께 그것을 어떻게 해결할 수 있을까?"라는 질문을 해야 한다. 이미 문제 또는 기회를 위해 일하고 있는 파트너들을 찾고 우리는 그들에게 힘을 보태야만 재정 부족에 대한 해결책을 만들 수 있고, 그것이 진정한 장애물이 되지는 않는다. 그러나 협력의 결핍은 종종 장애물을 만든다. 때때로 협력은 시간을 지체하게 한다. 그리고 그것은 겸손함을 요구한다. 진정한 협력은 단지 당신을 향해 도움을 주러 오는 사람뿐 아니라 당신이 옆에서 도움을 주어야 할 사람들과의 협력을 의미한다.

• **불허가로부터 공동선교^{Co-Mission}로-** "나의 권위도 역시 중요해."
전문가는 누구인가? 전문가들 역시도 문제와 기회를 직면할 때, 그것이 새로운 것이다. 여러분의 모든 호기심, 의식, 부름심도 그들의 것처럼 중요한 것이다. 그리고 사역 전략을 위해 여러분은 성직자/평신도 논쟁에 대한 당신의 견해를 결정해야 한다. 이 논쟁에서 "누구에게 사역을 맡길 것인가?"에 대한 다른 견해가 있을 수 있다. 예를 들면, "오직 목사 안수를 받고 목회 훈련을 받은 사람들에게 맡길 것인가?" 또는 "성도를 온전하게 하여 봉사하는 일"(엡 4:10~16을 보라)을 위해 갖추어진 모든 사람에게 맡길 것인가에 대한 대답에 다른 견해가 있다. 그 논쟁은 일반적으로 "모든 믿는 사람은 세상에서 사역에 부름을 받았고 똑같은 권위를 공유하며 함께 사역해야 한다"라는 정의를 동의함으로 해결된다. 그러나 특별한 직책을(종종 그들의 직책을 수행하기 위해서 교육과 증명서등이 자격 요건으로 요구된다) 수행하기 위해서 교회, 교단, 자선단체 같은 조직으로부터 소수의 사람이 초대된다. 그러나 어느 누구도 평범한 사람들이 그 부분을 수행해야 하는지? 또는 하지 말아야 하는지? 질문하지 말아야 한다. 오히려 "그 직무가 무엇인가?"라고 물어야 한다.

• **무계획에서 준비됨으로-** "나는 도움을 요청할 거야." 우리가 좀처럼 큰 문제를 해결하지 못할 때, 그 문제 때문에 표류하든지 또는 해결점을 찾아내든지 할 것이다. 겸손은 우리를 다른 사람들에게 배우게 만들고 우리가 도전에 직면할 때, 조심스럽고 사려 깊은 태도로 문제

에 접근하게 인도한다. 계획서를 준비하는 절차는 종종 문제를 해결함에 있어서 보다 강력하게 원인을 규명하고 해결책을 만든다. 계획을 위해서, 원인, 날짜, 능력, 비용 그리고 기준을 준비하는 것은 궁극적으로 가장 지속적인 차이를 만든다.

사회적 기업가 정신에서 '사회적'이란: 통합적 접근

단어의 의미는 중요하다. '기업가 정신'의 앞부분에 있는 '사회적'이란 형용사는 특별히 기독교인으로서, 믿음을 가지고 행하는 기독교인들의 동기부여를 위해 매우 중요하다. 이 기업가 정신(즉, 사회적 기업가 정신)은 일반적으로 비영리적 비지니스를 운영함으로 동기, 결과, 수단이 다르다. 이 차이(역자 주: 사회적 기업가 정신과 다른 기업가 정신의 차이를 말함)는 종류나 정도의 다름을 나타내는 것이 아니라 오히려 초점의 차이를 나타낸다. '종류'의 관점에서, '차이'는 무엇을 의미하는가? 사회적 기업가 정신은 다른 종류의 비지니스 정신과 같다. 또 '정도'의 관점에서, '차이'는 다음과 같은 의미를 갖는다. 사회적 기업가 정신은 다른 종류의 비지니스 기업가 정신과 다르지 않다. 이것을 기초로, 사회적 기업은 좋은 비지니스임에 틀림없다. 이 내용은 중요한 부분이며, 나중에 토의될 것이다. '정도'는 또 다음과 같은 의미를 갖는다. 사회적 기업가 정신은 다른 비지니스 기업가 정신의 활동들과 비교해 보면 더 낫다는 또는 더 못하다는 의미를 갖는 것은 아니다. 사회적 기업가 정신도 비지니스 서비스를 제공한다. 그러나 '초점'의 관점에서 다음과 같은 의미를 갖는다. 사회적 기업가 정신은 그것의 미덕을 위한 동기, 다른 사람과 함께함, 사회적 영향과 함께 비지니스 실천을 위해 구별된 장소에서 시작된다. 이 차이는 다른 비지니스 기업의 시작과 사회적 기업 시작 사이에 차이를 만든다.

수동적 관찰자로부터 기회를 찾는 것으로

- 소극성으로부터 연대로 - "나는 한 발짝 나가야 해."
- 마비로부터 대화로 - "나만 걱정을 하는 오직 단 한 명의 사람이 아니야."
- 돈이 메마른 지갑으로부터 파트너의 후원으로 - "나는 이것을 주기 위해 가지고 있어."
- 불허가로부터 공동선교Co-Mission로 - "나의 권위 역시 중요해."
- 무계획에서 준비됨으로 - "나는 도움을 요청할 거야."

장애물로부터 파트너를 이루어 해결책을 찾는 것으로

수동적인 것으로부터 파트너를 이룸

'사람들은'(역자 주: 인간 개인을 '인력'Human Power으로 보는 입장에서 자원으로 본다는 것보다 사회적 네트워크, 협력 즉, 사회적 자본으로써 자원을 의미한다) 사회적 기업가의 주요한 자원 중 하나이다. 대조적으로, 영리적 비지니스 시작을 위한 주요한 요소들은 가치를 부여하기 위한 상품, 서비스 또는 경험을 예로 들 수 있다. 사회적 기업가도 이런 요소들을 공급해야 하지만 그들은 특별히 사회적 영향을 미치는 비전을 제시하며 경영해야 한다. 영리적 비지니스를 하는 기업은 '주주에게 수익이 돌아오도록' 하는 목적으로 기업을 운영하지만, 사회적 기업가는 주주의 수익에만 관심을 갖는 경영철학을 거절한다. 사회적 기업가가 수익을 고려할 때는 보다 넓은 의미로 그것을 정의해야 한다. 전통적 비지니스 기업가에게는 결과가 중요하지만 사회적 기업가에게는 건강하게 수익을 얻고 사회적 서비스에 가치를 부여하는 것도(즉 과정도) 중요한 것이다.

사회적 기업가를 위해서, 다음과 같은 파트너십 직무 목차를 제시한다. 원인, 조언, 자본, 연결. 이것은 공동 협력지도 Collaboratory Map의 요소다. 공동 협력지도는 기업가가 이용할 수 있는 다양한 파트너들의 모습을 보여 준다(참조: 이 장의 마지막에 관련 도표를 볼 수 있다).

- **원인의 영역** The Cause Dimension. 첫 번째 영역에서는 '원인'을 야기하는 파트너를 소개한다. '원인의 영역'은 새로운 조직(또는 회사, 기업)을 창업하는 이유를 만든다. 이 '원인'은 당신이 관심을 갖는 것이 무엇이며, 당신이 관심을 갖는 사람이 누구이며, 당신에게 관심을 갖는 사람이 누구인가를 보여 준다. 다음과 같은 파트너가 이 영역에 소속된다. 공동체 구성원, 이용자, 프로그램의 수혜자, 최고 경영자와

같은 운영 스텝, 스텝 멤버, 자원봉사 팀, 활동가들.

- 조언의 영역The Counsel Dimension. 협력을 위한 '조언의 영역'에서는 원인뿐만 아니라 특별한 경험, 기술, 후원, 지혜, 기술적 전문가의 도움을 받음으로써 프로젝트의 신뢰도를 높일 수 있는 많은 잠재적 파트너를 포함한다. 이 범위의 예는 시민 리더, 소수 그룹 안에 구성원, 정부지원의 다양한 형태, 컨설턴트, 멘토 그리고 법률가, 회계사, 재정 조언자, 정치가, 감시단과 같은 기술적 조언자 등이다.

	내부적 능력	외부적 능력
지속 가능성	원인의 예: 공동체 구성원, 최종 이용자, 최고경영자, 스텝, 자원봉사자, 활동가, 지지자, 리더자, 윤리학자	조언의 예: 시민 리더, 소수자, 정부 위원회, 멘토, 기술적 조언자, 법률가, 비평가, 정치인, 감시단
책임성	자본의 예: 채권자, 융자회사, 시장 기부자, 투자자, 주주, 자선 사업가, 후원자, 재단, 양도인, 보조	연결의 예: 비지니스, 판매자, 교회, 비영리기관, 자선기관, 비교자, 에이전트, 경쟁자, 교단, 소셜 네트워크, 협력 에이전트, 미디어

<표 3> 공동 협력지도Collaboratory Map

- 자본의 영역The Capital Dimension. '자본의 영역'은 해결책을 촉진하고, 깊이 연구하며 그리고 확대하기 위해 영향을 미칠 수 있는 파트너와 자원에 초점을 맞춘다. '자본의 영역'에서 파트너십의 예는 다음과 같다. 채권자, 융자회사, 판매원, 시장과 시장의 기부자, 투자자, 주주, 자선 사업가, 후원자, 양도인 등이다.

- 연결의 영역The Connection Dimension. '연결의 영역'은 당신의 직무mission를 성취하기 위해 보충하고, 확대하고, 강화하기 위한 당신 조직의 외부적 모든 관계를 나타낸다. 연결의 예는 다음과 같다. 다른 비지니스 참여자, 판매자, 교회, 비영리기관, 자선 기관, 회당, 사원, 에이전트, 경쟁자, 비정부 기관, 협력 에이전트, 다른 미디어 그리고 외부 협력 기관 등이다.

위의 〈표 3〉 공동 협력지도Collaboratory Map의 왼쪽을 보면, 두 단어 "지속 가능성"Sustainability과 "책임성"Accountability이 보인다. 이 두 주제는 지속적으로 시작된 비지니스의 성공을 위해 필요한 요소다. 아주 소수의 사회 문제는 취미 삼아 일하는 아마추어들의 적은 노력으로도 해결될 수 있지만, 일반적인 사회적 기업가가 다루는 사회 문제는 복잡하고, 다양한 원인으로 문제가 발생했으며, 폭넓게 퍼져 있고, 변화를 위한 비용이 많이 든다. 사회적 기업가 그리고 그들의 협력자들의 헌신으로 발생하는 변화의 지표들은 일관되게 성장할 수 있지만, 그들의 계속 배우려는 태도, 자원 집중의 노력과 같은 지속 가능성의 초점 없이는 변화가 단발적이고 실망스러울 수밖에 없다. 짧은 기간의 일시적 노력은 종종 궁극적으로 다룰 문제보다 더 큰 문제를 만들 수 있다. '지속 가능성'은 목적, 목표, 전략을 긴 기간 동안 유지하며 일관되게 문제를 다룰 수 있는 기능을 할 수 있다. '책임성'은 사회적 기업가가 잘 하도록 도와주는 것과 동시에 그들이 잘 할 수 있도록 점검해 주고, 균형을 맞추도록 도와준다. 책임성은 처음 시작할 때 비즈니스 계획서에 언급되어야 하지만, 지속 가능성은 코스가 거의 끝났을 때 도착 지점을 알 수 있도록 정보를 제공한다.

　공동 협력지도에서는 이 두 가지(지속 가능성과 책임성)의 가치와 측정 차원에서 협력하는 방법을 보여 준다. '원인의 영역'과 '자본의 영역'은 직무를 수행하기 위한 조직 내부적 능력을 견고하게 한다. 파트너들은 조직의 내부적 필요에 초점을 맞춘다. 그래서 이런 노력들은 외부적 서비스에 영향을 미친다. 외부적 조언과 연결 영역은 조직의 운영, 자원의 사용 그리고 지혜, 시너지, 영향을 줄 환경을 측정하도록 도움을 준다. 이 요소들은 공동 협력지도를 운영하는 기초가 된다.

　공동 협력지도는 사회적 기업가 팀들을 위해 그들의 공동체에서 가장 중요한 사회적 이슈를 확인할 수 있도록 도와준다. 그 지도는 또한 그 팀들에게 그들이 혼자가 아닐 뿐 아니라 혼자만 그 일에 관심을 갖고 있지 않다는 것을 일깨워 주며, 비슷한 이슈에 신경을 쓰고 그들의 성공을 염원하는 모든 사람과 협력적인 관계를 발전시키도록 도와준다.

공동 협력지도는 원인을 점검하여 왜 고용을 위한 준비를 강화해야 하는지 또는 느슨하게 해야 하는지를 알려 준다. 모든 조직이 잠재적 투자자, 자원봉사자, 스텝들의 도움을 받을 필요는 없으며, 여러분은 여러분이 필요한 도움을 얻기 위해 약간의 기초적 고용의 원리를 분명히 제시해야 한다. '고용을 위한 준비'를 위해 다음과 같은 제안을 고려하라.

- 잠재적 투자자에게 당신이 현재 발견한 문제에 대해 당당하게 말할 준비를 하라. 그리고 그 문제를 해결하거나 관심을 갖게 하기 위해서, 개인적으로 그들에게 왜 당신에게 투자해야 하는지 표현하라.

- 잠재적 투자자에게 왜 참여해야 하거나, 또는 그들이 다른 기회를 만들기 위해 당신이 어떤 잃어버린 퍼즐조각 하나를 가졌는지를 설명하라. 당신이 어떤 문제가 있고 어떤 사람이 해결책이 있다면, 왜 당신이 그들에게 참여를 유도하는지를 이해시켜야 할 것이다.

- 구체적인 '요청서'The Ask를 만들라. 당신이 누군가에게 6개월 동안 한 달에 2번, 4시간씩 당신의 임원회가 코칭받기Coaching를 원한다면, 정확하고 구체적인 초대장을 만들어라. "저희 새로운 임원회를 도우실 수 있으세요?"와 같은 다양한 해석을 도출할 수 있는 일반적 초대장은 피하라. 그런 막연한 초대장은 당신이 그들의 여분의 시간을 더 할애받기를 원

한다는 오해를 사거나, 그들에게 임원회 대표로 와 주기를 원한다거나, 또는 그들이 당신의 도움 요청에 부적격자라는 결론을 낼 수 있는 엉뚱한 생각을 만들 수 있다.

- 잠재적 파트너가 당신의 회사에 참여하기 이전에 약간의 준비물을 준비하라. 투자자들은 보통 자원봉사자이거나, 당신의 아이디어나 프로젝트를 실행하기 위해 도움을 줄 전문가다. 헬렌 리틀^{Helen Little}의 책 "자원봉사자들: 모집, 유지 방법^{How to Get Them, How to Keep Them, 1999}"에서 다음과 같은 최선의 고용 대화 방법을 제시한다: 해낼 수 있는 직무, 능력과 흥미의 조화, "왜?"라는 질문에 대한 대답, 쓰여진 내용, 합리적인 마감일, 주어진 시간에서 방해, 지시, 피드백 없이 완전한 자유 보장 그리고 물론 감사와 보상을 제시하라는 것이다.

공동 협력지도는 사회적 기업가에게 그들의 아이디어, 프로젝트, 조직에 가장 최선의 공헌을 만들어 주기 위해 그들이 필요한 각각의 잠재적 파트너 유형을 생각해 보게 하는 계획적 장치를 제공한다. 훌륭한 협력, 좋은 파트너십은 철저한 계획을 만들 수 있게 한다.

결론: 맞이하고 보내는 회중

별로 좋지 않은 모델인 그는 완고한 기질을 가지고 있었다. 그는 누군가가 그를 교회의 문안으로 인도한다는 것에 대해서 회의적으로 생각했다. 그러나 그의 아내는 그와 함께 크리스마스이브 예배에는 가야한다고 고집했다. 그는 사람들이 교회에 가지 않을 것이라 믿었다. 그러나 그가 예배에서 아는 사람들을 발견했을때 놀랐으며, 교회가 그들을 환영한다면 한 번 더 교회에 방문할 용기를 낼 수 있을 거라 생각했다.

처음 다른 사람을 섬길 수 있는 방법 중 하나로 그는 중고 물건을 필요한 가족들에게 트럭으로 배달해 주는 일을 생각했다. 자원봉사자들은 기부자에게서 중고 스토브, 또는 냉장고를 수집하여 그것들이 필요한 사람들의 집에 배달해 주었다. 그는 그의 트럭을 봉사를 위해 제공했고, 한 달에 한 번 일을 도왔다. 가전제품을 고치는 그의 기술과 가정들에 필요한 것들을 찾아내는 그의 능력은 결과적으로 501ⓒ3(역자 주: 비영리 단체 이름)라는 비영리 단체, 배달 트레일러 창고를 창출했다. 자원봉사 스탭들은 한 주에 세 번씩 배달 업무를 지원했다.

언젠가부터 그가 봉사를 할 때, 그는 하나님의 약속을 붙들기 시작했다. 그의 심령은 하나님이 그 역시도 변화시키실 수 있다고 믿기 시작했다. 그는 예수님을 따르기로 헌신했다. 교회 리더들은 그를 제자훈련에 참여하도록 했고, 예배, 교제 등을 통해 하나님의 음성에 순종함으로써 그가 하나님의 가장 훌륭한 종으로 응답하도록 도왔다.

교회가 첫 자원봉사자들을 모집할 때, 그는 그 중의 한 사람이었다. 그는 도움을 받는 사람들과 삶을 나누며 의미를 발견하기 시작했다. 그가 믿음의 선교적 여정을 증언할 때, 의미가 분명해졌다. 그의 봉사를 통해서 사람들이 웃기 시작했다. 왜냐하면 그가 그들과 함께 울기 시작했기 때문이다. 그는 "저는 이 일에 적합한 인물은 아닙니다. 저는 그저 하나님의 음성을 따를 뿐입니다. 저는 특별한 사람이 아닙니다"라고 간증했다.

위의 이야기는 건강한 회중의 예를 보여 준다. 하나님의 인도하심에 순종하는 것은 아름다운 변화를 만든다. 그들은 그들 가운데서 해결책을 창출했다. 그들은 '믿는 사람들의 제사장 직분 Priesthood'은 오직 주일에 자원봉사직, 또는 예배 팀에서 수행하는 것이라고 생각하지 않는다. 성도들은 그들의 사역을 일상적 방법으로 일상적 날에 일상적 장소에서 수행해야 한다고 언급한다. 그렇게 행하면, 그들의 파트너와 회중은 교회의 벽을 넘어서서 공동체와 협력하는 상상을 초월한 결과를 만들 수 있다.

공동 협력지도 사용 Worksheet

- 스텝1. 첫 번째 칸에서, 투자자들의 다양한 예를 미리 볼 수 있다.

• 스텝2. 첫 번째 칸의 투자자 유형은 두 번째 칸에 실제적 투자자의 이름을 생각하는 데 도움을 준다. 두번째 칸에서 투자자의 연락처를 수집해 적어 두어라.

• 스텝3. 세 번째 칸부터 다음 네 칸은 현재 해당(이에 해당되면 X로 표시)뿐만 아니라 투자자를 찾기 위한 구체적 노력을 나타낸다. 이 부분의 목적은 "소망하는 것 해당"에 "O"을 표시하기 위함이다. 이 네 칸에는 다음과 같은 범주가 포함된다. "필요 없음"(아직), "충고 얻음", "도움을 얻음" 그리고 "권위를 얻음"(또는 허가)이다. 투자자가 요구하는 구체적 활동은 마지막 칸에 나타난다.

• 스텝4. 현재 해당은 "X", 소망하는 것 해당"에 "O"로 표시하여 투자자를 구분하라. 그리고 나서, 마지막 칸에, "현재 해당"에서 "소망하는 것 해당"으로 변경하기 위해 각각 투자자(당신 제외)의 요구 활동을 기입하라.

• 스텝5. 초기 고용 대화에 투자자가 당신의 아이디어, 프로젝트, 또는 조직에 참여함으로 얻는 구체적인 공헌을 언급하라.

공동협력 워크시트 The Collaboratory Worksheet
현재 해당= "X" / 소망하는 것 해당= "O"

목적		투자자 유형	투자자 성명	필요 없음 (아직)	충고 얻음	도움 얻음	권위를 얻음 (허가)	요구되는 활동
책임성	원인	공동체 구성원, 최종 이용자, 소비자, 수취인						
		전문경영인, 임원, 운영팀, 자원봉사자						
		도덕적 지지자, 활동가, 옹호자, 사상 리더, 윤리학자						
		변화 에이전트, 기업가, 공동체 실천가						
	조언	지역 리더, 시민 대표, 소수자 음성, 창업 지원자						
		조언, 정책, 정부 기관, 임원/소유자						

책임성	조언	컨설턴트, 코치, 멘토, 기술적 조언자, 법조인, 회계사						
		비평가, 반대자, 경쟁자, 정치가, 중재자, 감시자, 신용자, 집사, 상속자, 투자자, 소상업인						
지속가능성	자본	채권자, 집사, 상속자, 투자자, 소상공인						
		세일즈맨, 투자수익ROI, 브로커, 증권시장						
		금융가 기부자, 투자자,						

지속가능성		회사 자본가, 주주						
		자선가, 후원자, 재단, 수여자, 구호단체						
	연결	비지니스, 산업 부분, 행상인, 정부 관계자						
		사회적 섹터 관련자, 교회, 비영리 자선단체, 경제적/공동체 개발						
		보충적 비교자 경쟁 그룹						
		모회사, 비지니스 장려 기관, 네트워크, 추종 에이전트, 미디어						

Q1 회중의 여러 특징을 살펴보았습니다. 회중은 세심하고, 은사가 있으며, 부르심, 위임, 양육을 받았고; 보내심을 받았습니다. 사회적 기업을 시작하기 위한 당신의 회중은 위의 특징 중 어떤 요소를 갖고 있나요? 그리고 어떤 요소가 없을까요?

Q2 이 장은 다섯 가지 '해결 방해자(또는 장애물)'에 대해 언급하고, '수동성에서 파트너를 만드는 것'에 대해 설명했습니다. 당신도 이런 장애물을 경험해 보셨나요? 또 다른 장애물이 있으면 나열해 보세요.

Q3 한 사람이 혼자 무엇인가를 행하려고 한다면, 파트너십은 쉽지 않습니다(혼자서는 오히려 많은 시간, 인력, 자원이 들 수 있습니다). '파트너 반사작용'The Partnering Reflex을 장려하는 데는 이유가 있습니다. 보다 많은 시간, 사람 그리고 자원을 통합하는 것은 아이디어와 프로그램을 발전시키는 데 필요하기 때문입니다. 여러분은 파트너를 이루어 해결책을 만들어 낸 사례가 있나요? 그리고 그 해결책이 혹시 가장 좋은 해결책이 아니었다면 설명해 줄 수 있나요? 그 사례에서 해결책을 훼방한 것은 무엇이었습니까?

Q4 공동 협력지도는 새로운 사회적 기업가 정신의 아이디어, 프로젝트, 조직이 시작될 때 이를 도울 투자자 그룹을 보여 줍니다. 공동 협력지도는 당신이 당신의 아이디어, 프로젝트, 또는 조직에 협력할 수 있는 사람(또는 투자자)을 고용해야 한다는 것을 함축하고 있습니다. 이 장에서는 '고용을 위한 준비'를 위해 몇 가지 제안을 합니다. 이 '고용을 위한 준비' 단계들은 당신의 프로젝트에 쉽게 적용할 수 있습니까? 당신이 투자자를 초대하기 위해 더욱 필요한 것은 무엇인가요? 당신이 다른 투자자를 만나기 전에 도움을 받을 멘토 또는 코치가 있나요?

Q5 공동 협력지도는 원인, 조언, 자본, 연결의 영역에서 투자자 분류를 강조합니다. 당신의 프로젝트에서는 어느 영역이 중요한가요? 당신의 팀은 투자자를 얻기 위해 어느 단계를 수행하는 것이 필요할까요?

- Bitzer, Lloyd. 1968. "The Rhetorical Situation." Philosophy and Rhetoric 1:1-14.
- Butler, Phil. 2005. *Well Connected: Releasing the Power, Restoring the Hope Through Kingdom Patnership*. Federal Way, WA: Authetic Books.
- Crouch, Andy. 2012. "What's So Great About 'The Common Good'? Why Chrisitans Needs to Revive the Historically Rich Phrase." Christian Today. October 12. 2012. http://www.christianitytoday.com/ct/2012/november/whats-so-great-about-commos good.html
- Holmes, Oliver Wendell, Sr. 1919. "The Voiceless." Bartlett's Familiar Quotations, 10th edition. New York: Little, Brown and Company Publishing.
- Little, Helen. 1999. *Volunteers: How to Get Them, How to Keep Them*. Naperville, IL: Panacea Press.
- Wheatley, Margaret. 1999. *Leadership and the New Science: Discovering Order in a Chaotic World*. San Francisco, CA: Berree-Koehler.

하나님의 인도하심에 순종하는 것이 아름다운 변화를 만든다.
그들은 그들 가운데서 해결책을 창출했다.
'믿는 사람들의 제사장 직분'은 오직 주일에 자원봉사직,
또는 예배 팀에서 봉사하는 것만을 의미하지 않는다.
성도들은 그들의 사역을 일상의 방법으로 일상의 날에
일상의 장소에서 수행해야 한다.
그렇게 행함으로 그들의 파트너와 회중은 교회의 벽을 넘어
세상의 다양한 공동체와 협력해 상상을 초월하는 결과를 만들 수 있다.

삼부작 탐험 기도

———— 드와이트 깁슨 Dwight Gibson

사회적 기업가로서의 여행을 시작할 때 올바른 탐험을 하기 위해서는 기도가 필요하다. 스스로를 돌아보고 당신의 아이디어와 공동체의 필요를 생각하되 특별히 하나님이 세상을 변화시키시는 데 여러분을 어떻게 사용하려 하시는지를 신중히 고려하라. 모든 여행은 시작, 중간, 끝이 있다. 탐험 여행도 예외는 아니다. 당신의 탐험 여행을 위해 매일 기도해야 한다.

1부 | 아침의 탐험 기도

주님, 오늘도 새로운 날입니다.
기대와 흥분과 함께
희망을 개척하게 하소서.

사고로 인해 혼란스러운 문제들과
수많은 가능성이 있는 세상에서
새로운 통찰력과 잠재성을 열도록
인도하소서.

제가 찾는 진, 선, 미의 경계표가
당신의 영광을 밝히고
이 우주에서 창조의 손길이 가진
섬세하심이 드러나는 데
관심을 모으게 하소서.

그 방법을 찾음에 있어서

당신의 영화로우심이
저의 발걸음을 인도하며
모든 창조 안에서 번성케 하시어
당신의 계획에 연합하게 하소서.

새로운 것을 드러낼 때, 잘 진행되는 그 일에
모든 이가 기뻐하고 무엇이 당신의 영광과
모든 창조의 섭리를 드러내는지 발견하게 하시고,
오늘과 장차 올 모든 날에
유익이 있도록 인도하소서.

이 여정에 나를 도우사 지혜를 주시고,
탐험의 근본으로 사용하게 하소서.

아멘.

2부 | 오후의 탐험 기도

오늘이 드러납니다.
저의 눈이 오늘의 시간을 보게 하소서.
내일은 드러나지 않았습니다.
내일의 잠재적 가능성을
알게 하소서.

드러난 것을 넘어선 것을 보기 위해
저는 상상하고, 궁금해하며, 탐험해야 합니다.
저 너머에 있는 드러나지 않은 것을
발견하게 하소서.

주여, 저를 도우사 당신의 은사를 사용해
탐험하게 하소서.
당신이 정하신 그 진리를 통해
어제, 오늘 그리고 영원히
당신의 훌륭한 설계를 이해하게 하소서.

당신의 말씀은 내 길의 빛이니이다.
세상은 발견하기를 기대합니다.
당신의 계획은 드러난 그리고 아직 드러나지 않은
이 땅의 거룩한 삶을 위한 진리입니다.

저는 하나님의 영광을 위한 탐험가입니다.
저 너머를 보게 하시고
이 은사가 나 혼자만을 위한 것이 되지 않게 하소서.

창출하는 이익이 인류 전체를 위한 것이 되게 하시며,
모든 것에서 당신의 창조가 드러나게 하소서.

아멘.

3부 | 저녁의 탐험 기도

태양이 떠오르고 저무는 것과 같이
당신의 이름은 찬양받으시기에
합당하십니다.

당신은 어둠에 빛을 가져오시고,
드러나지 않은 것을 드러나게 하시며,
카오스(혼돈)에서 새로운 것을 창조하셨나이다.

그 깃발이 심겨졌나이다.
그 종이 울렸나이다.
그 승리가 성취되었나이다.

집으로 돌아오며, 우리는 변화되었습니다.
우리는 당신께 받은 지혜로 인해 목적지를 찾고
여행을 잘 마칠 수 있었습니다.
당신을 찬양합니다.

태양이 떠오르고 저무는 것과 같이
당신의 이름은 찬양받으시기에
합당하십니다. 주여.

아멘.

선교적 상상 Missional Imagination
연구소 소개

　　선교적 상상연구소는 변화하는 문화 안에서 '상상력'을 통해 '선교적 대안의식'을 만들고 자극하기 위해 2022년 주상락(명지대학교 교수 및 교목), 이삼열(미얀마 선교사) 두 사람으로부터 시작되었다. '상상력'이라는 단어는 창조성을 가지고 새로운 생각과 도전을 통해서 새로운 패러다임을 만드는 것을 의미한다. 미국의 사회학자인 C. 라이트 밀즈는 1959년 《사회학적 상상력》이라는 책을 집필했다. 그는 "사회학적 상상력은 거대한 사회, 역사와 그 속에서 살아가는 개개인 행위를 통해 새로운 관계성(또는 이론)을 발견하는 과정"이라고 언급한다. 구약성서학자 월터 브루그만은 모세, 예레미아, 예수님을 통한 '예언자적 상상력'을 통해서 대안적 공동체를 세운 예를 묘사하고 기독교 리더들이 예언자적 상상력을 가지고 절망과 고통의 시대에 미래를 위해 예언자적 목회를 실천할 것을 격려한다. 브루그만은 그의 책 《예언자적 상상력》에서, 상상력을 통해 지배 문화 의식에 맞설 수 있는 대안적 의식을 끌어내고 키우고 발전시켜야 한다고 말한다(월터 브루그만, 예언자적 상상력, 51-

52). 존 폴 레더락도 그의 책《도덕적 상상력》에서, "도덕적 상상력은 현실 세계에서 도전을 주는 문제를 해결하기 위해 아직 존재하지 않는 해답을 상상할 수 있는 능력"(존 폴레더락, 도덕적 상상력, ix)이라고 강조한다. 삼위일체 하나님은 그분의 백성을 가정, 일터, 사회, 문화, 공공영역 등으로 보내셨고 그곳에서 하나님의 나라를 실천하기를 원하신다. 본 연구소는 하나님의 선교 Missio Dei를 실천하며, 출판물과 강의를 통해서 선교적 대안을 자극하고 상상하기 위해 노력하고 있다.